# LE
# BOURREAU DE PAU

TRAGÉDIE

POPULAIRE ET CLASSIQUE

Par P.-M.

De Saint-Germain-en-Laye.

---

PARIS

BUREAUX DE LA *MODE NOUVELLE*

63, RUE SAINTE-ANNE

—

1857

PARIS. — TYP. WALDER, RUE BONAPARTE, 44.

# ARGUMENT

Du temps de la Terreur, une dame de Candau, marquise et vicomtesse à Pau, fut condamnée révolutionnairement. Elle était si considérée que la population demanda sa grâce et que le bourreau ne voulut pas l'exécuter. On fut obligé d'en faire venir un d'ailleurs, de Tarbes, qui fit le devoir de sa charge, et néanmoins il ne voulut pas profiter de la dépouille de la victime, notamment d'une tabatière d'or qu'il trouva sur elle et qu'il fit secrètement remettre à la famille.

---

Cette anecdote est rapportée par madame de Genlis, au tome VIII de ses Mémoires, vers la fin. Elle dit la tenir de la petite-fille de cette dame.

Ce qu'il y a de sûr, c'est que celle-ci fut condamnée et exécutée. La famille est des plus notables à Pau. L'auteur a sous les yeux deux lettres familières du fils de la dame, feu le marquis de Candau, écrites en 1831 et 1832. La personne à qui elles sont adressées, vicaire dans l'une des paroisses de Paris, a attesté le fait à l'auteur. Le reste est de l'imagination du poëte.

## PERSONNAGES :

M<sup>me</sup> la vicomtesse marquise de CANDAU.
HENRI SAINT-CHRISTAU, exécuteur des hautes-œuvres à Pau.
ANNETTE, sa femme.
VICTOIRE, leur fille.
FANCHETTE, leur servante.
JEAN-BRUTUS PERRIN, représentant du peuple, en mission.
MARIE JOSEPH DELOU, son secrétaire.
LE PRÉSIDENT DU TRIBUNAL RÉVOLUTIONNAIRE.
L'ACCUSATEUR PUBLIC.
LE GREFFIER.
LE DÉFENSEUR OFFICIEUX.
JEAN BISTOS, exécuteur des hautes œuvres à Tarbes.
JUAN, son fils.
Un Satellite, porteur d'ordres.
Une escorte composée de sans-culottes, de gardes nationaux et de soldats.
Le Jury (9 jurés), deux assesseurs, deux huissiers, le peuple ou l'auditoire, la foule au cinquième acte, etc.

*(La scène se passe à Pau, capitale de l'ancienne principauté du Béarn.)*

# LE
# BOURREAU DE PAU

## ACTE PREMIER

Le théâtre représente l'intérieur du logis du bourreau de Pau : une salle des plus simples. La table est couverte de coupons de toile ; deux femmes sont occupées à tailler et coudre des pantalons, guêtres, carmagnoles, etc.; une grande corbeille contient de la charpie et des chiffons à effiler.

### SCÈNE PREMIÈRE.

ANNETTE, VICTOIRE.

ANNETTE.

Victoire ?

VICTOIRE.

Ma mère.

ANNETTE.

Les oreilles ne te tintent pas ?

VICTOIRE.

Non !... oui... mais non.

ANNETTE.

Cadet Lagois, tu sais, le boucher de la commune, est venu nous voir hier... pour affaires.

VICTOIRE.

Quelle affaire peut-il avoir avec vous ? Il fournit la maison de justice, mais il n'a affaire qu'à la municipalité.

ANNETTE.

Pour affaire qui t'intéresse.

VICTOIRE.

Moi ?... assez, mère... je ne veux pas.

ANNETTE.

Tu ne veux pas... ce que tu ne sais pas ; puisque je n'ai rien dit.

VICTOIRE.

Je vous en prie, ne me parlez pas de cela.

ANNETTE.

De quoi ?

VICTOIRE.

*Diou bone*, maman, vous m'y forcez.... pour son fils.

ANNETTE.

C'est un beau garçon.

VICTOIRE.

Trop beau.

ANNETTE.

Tu te plains *que la mariée est trop belle.*

VICTOIRE.

Oui... je veux qu'on m'aime.

ANNETTE.

Il ne te dédaigne pas ; j'en ai quelque vent : il vient ici sous prétexte du service, et il reste à flâner, à bavarder avec la jeune et jolie citoyenne, ma fille, qui l'écoute et lui répond, comme si l'un et l'autre n'avaient pas son ouvrage qui l'appelle.

VICTOIRE.

Oui, et il m'ennuie. Puisque vous l'avez remarqué, je suis froide avec lui, mais polie ; car je le crains ; je crains ses impertinences, ses... Il m'est insupportable.

ANNETTE.

Il est gai ; il n'est pas méchant.

VICTOIRE.

Il n'est pas bon non plus : c'est un sot qui s'admire. Il se croit bien supépérieur à moi. Il a des manières joviales, suivant lui, suivant moi, brutales.

ANNETTE.

T'a-t-il manqué ? je ne l'en crois pas capable.

VICTOIRE.

Il crut un jour me faire une galanterie en me prenant, en m'arrachant la petite bague d'argent que vous m'avez donnée et qui vous vient, m'avez-vous dit, de tout l'héritage de votre mère. Vous jugez si j'y tiens ; il n'a pas senti cela. Le lendemain, je la lui redemandai ; il me répondit l'avoir perdue, le menteur ! mais qu'il l'a remplacerait, l'indélicat !

ANNETTE.

En effet, je ne te la voyais plus, et j'ai été deux ou trois fois sur le point de te demander pourquoi.

VICTOIRE.

Et moi qui m'attendais à votre question, je l'éludais, cachant ma main, changeant de propos, quittant la place, enfin très-embarrassée ; parce qu'il m'était pénible d'occasionner un débat avec ce jeune homme ou des explications avec son père.

ANNETTE.

Souvent pour des misères pareilles des amis se brouillent.

VICTOIRE.

Deux jours après il m'en apporte une d'or, très-jolie, ornée d'un petit diamant fin. Il me la met au doigt et il m'embrasse. Je ne tentai même pas de me défendre, sachant combien la résistance le rend violent ; je me borne à lui dire : « Je n'accepte pas l'échange. » Enfin, voyant les jours suivants que ne la portais pas et que je lui redemandais toujours la mienne, il me la rapporte et me dit, avec un air vainqueur : « Belle citoyenne, je te fais hommage de ma conquête et j'accepte le don de cet anneau que tu as porté et qui t'appartient. » Le beau trait d'esprit !

ANNETTE.

Il est un peu suffisant, le citoyen ! mais...

VICTOIRE.

Il me recherche, oui, pour s'amuser, non pour m'épouser. Or, de ce pain-là je ne mange pas ; vous ne m'y avez pas préparée.

ANNETTE.

Ce sera un joli parti pour qui l'aura.

VICTOIRE.

Dieu la bénisse ! Pour moi, merci !

ANNETTE.

Allons, rassure-toi et ne te fâche pas : ce n'est pas de celui-là qu'il s'agit.

VICTOIRE.

De qui donc ?

ANNETTE.

D'un autre, apparemment.

VICTOIRE.

Je ne connais personne et personne ne me connaît.

ANNETTE.

Oh ! que si fait !... Vous avez peu de mémoire, ma petite Victoire ; je ne puis vous croire ; écoutez mon histoire.

VICTOIRE.

Ah ! maman, sans compliment, vous rimez très-joliment ; vraiment, je veux perdre tous mes amants, si je mens.

ANNETTE.

Donc !... Cadet Lagois étant au dernier marché à Tarbes, le citoyen Jean Bistos (*à ce nom, Victoire écoute très-attentivement*)... ce citoyen, dis-je, est arrivé comme par hasard tout près de lui. « Citoyen, tu es de Pau ? — Oui. — Tu y es un des plus honnêtes gens. — Ça se peut bien. — Et un bon patriote. — Dans le bon sens. — Serviable. — Autant que possible. — Je t'y ai vu et j'y ai entendu parler de toi. — Après ? — Veux-tu te charger d'une commission ? — Peut-être. — Pour Saint-Christau. — L'exécuteur ? — Mon collègue. » Cadet Lagois nous dit que là-dessus il ne put s'empêcher de reculer d'un pas ; mais que tout de suite, sentant qu'un exécuteur pouvait

être un galant homme, celui de Tarbes comme celui de Pau, il répondit :
« Très-volontiers, je le connais. — Si tu le connais, je suis sûr que tu l'estimes, et cela vous fait honneur à tous deux. » Enfin, après quelques façons et politesses réciproques, l'autre lui dit : « Mon paquet ne sera pas lourd. Dis donc à l'ami Saint-Christau que, s'il est chez lui décadi, son collègue ira le voir... avec quelqu'un. » Il appuya, dit Lagois, sur ce mot, et continuant : « Comment va-t-il ? comment vont sa femme et ses enfants ? c'est un bon père de famille ; sa femme une ménagère soigneuse : sa fille aînée, jolie, ma foi ! qui a de l'esprit comme un garçon de trente ans. et avec ça, travailleuse, adroite, sage, dévouée à ses parents. » — Dame ! nous le laissions dire, il ne nous importunait pas.

### VICTOIRE.

Il y a moitié vrai, moitié exagéré dans ces éloges.

### ANNETTE.

« Nous nous connaissons de vieille date (c'est toujours Cadet Lagois qui rapporte sa conversation avec l'autre, à Tarbes) ; j'ai un fils, qui est aussi un bon et respectueux enfant, pas mal de figure, bonne tournure, et avec cela courage et bon sens. Il a demeuré l'année dernière à Pau. De sa boutique, il voyait passer la fille allant aux provisions. Quelquefois, à la promenade, il l'a abordée, accompagnée de sa mère... Il en est, je te le dis en confidence, coiffé, toqué, devenu fou. Je lui ai demandé si elle lui plaisait ; il n'ose pas répondre oui ; mais il ne peut pas en conscience affirmer que non ; « parce que, dit-il, quand je lui ai parlé, elle m'a répondu, et d'une voix si douce et avec des paroles si gentilles, pourtant sans me regarder, que je n'ai plus su où j'en étais. » Tout cela, reprend le père, entre nous, vois-tu, citoyen, ce sont là des secrets de famille ; n'en dis que ce que tu jugeras nécessaire, mais toujours pas plus de la moitié... au cas que l'affaire manque. »

### VICTOIRE.

Il a joliment fait la commission ! que veut-il qu'il y ait de plus ?

### ANNETTE.

Après un moment de silence, où nous semblions réfléchir et peut-être tous trois à la même chose, le voisin Lagois reprend : « Moi aussi, j'ai un fils, et vous le connaissez Il en vaut ou il en vaudra un autre ; mais le fruit n'est pas mûr : Fernand-Jacques est trop jeune de caractère pour votre fille. Il l'aime bien cependant, mais, sans le vouloir, il la rendrait peut-être malheureuse. Et si j'avais, Dieu me la donne ! une bru comme Victoire, je l'aimerais tant que moi-même je serais malheureux de savoir qu'elle l'est... J'en suis bien fâché !... sans cela j'aurais parlé pour nous. »
— Que dis-tu de tout cela ? que penses-tu que le collègue viendra proposer à ton père décadi prochain ?

### VICTOIRE.

Je dis que tout est au mieux ; et je pense... que nous saurons ce qu'ils veulent quand ils auront parlé.

### ANNETTE.

Tu feras un bout de toilette.

#### VICTOIRE.
Le décadi! cela va sans dire... Et vous aussi..., mère.

## SCÈNE II.

#### Les mêmes, SAINT-CHRISTAU.

#### SAINT-CHRISTAU.
Ma fille, nous aurons du monde à dîner décadi; tu nous traiteras dans le soigné.

#### ANNETTE.
J'ai tout dit à Victoire; elle consent.

#### VICTOIRE.
A quoi donc, ma mère?

#### ANNETTE.
Mais... à ce qu'on propose.

#### VICTOIRE.
On n'a encore rien proposé.

#### SAINT-CHRISTAU.
Vive ma Victoire! c'est qu'elle est fière pour une fille de bourreau!

#### VICTOIRE.
Oui! « la fille du bourreau, » seul nom qu'ils me donnent, tous ces beaux de la ville, et partant de là ils se croient tout permis avec une pareille créature, ils en supposent tout facile. Mais « la fille du bourreau » s'est mise à l'abri de leurs injures. « La fille du bourreau » est la fille d'un soldat; il le fut et il l'est : autrefois en exposant sa vie pour l'Etat, à présent, en sacrifiant à la nécessité publique les douceurs de la vie sociale. Il obéissait et il obéit, alors aux officiers du roi, aujourd'hui aux organes de la loi, aveuglément, par devoir. Tant pis pour ceux à qui l'Etre suprême a confié la puissance s'ils ordonnent des crimes; eux seuls en seront responsables à son jugement final. Qu'est-ce qu'un exécuteur des hautes œuvres? Un soldat sur le champ de bataille.

#### SAINT-CHRISTAU.
Et j'ajoute : le soldat, rarement, garde son sang-froid; trop souvent il tue quand il pourrait sauver; il massacre avec rage, il égorge avec volupté. L'exécuteur agit sans passion; il ne s'abaisse point jusqu'à la bête féroce; il ne voit qu'un corps prêt à changer de forme et dont la vie va retourner, un peu avant l'heure, à son principe. Et, au surplus, il fait strictement ce qui lui est précisément ordonné par le juge, conformément à la loi : un point de plus est un crime.

#### ANNETTE.
Ma fille parle aussi bien qu'un défenseur officieux ou qu'un ci-devant prédicateur.

#### SAINT-CHRISTAU.
Mon Annette, elle tient de sa mère.

VICTOIRE.

C'est que j'ai dû réfléchir sur ma position équivoque dans le monde. Et comme elle n'est pas de moi; que d'ailleurs, au fond, elle n'a rien de contraire à la probité, j'ai le droit, en restant dans le cercle étroit où me retient la décence publique, de conserver ma fierté et de la montrer à ceux qui croiraient avilir ma personne en la confondant avec cette position basse et odieuse dans la société.

SAINT-CHRISTAU.

Je t'aurais pourtant bien aimée à une place moins indigne de toi.

VICTOIRE.

Père, où vous êtes, l'indignité s'efface. La fonction, car ce n'est pas une profession, est créée par la loi pour l'accomplissement de la justice. Ce qui avilit ou relève un emploi reconnu nécessaire, c'est l'infamie ou l'honneur de ceux qui se trouvent habituellement le remplir.

SAINT-CHRISTAU.

Noble enfant!

VICTOIRE.

On dit votre collègue de Tarbes un très-honnête homme aussi. Est-ce que je n'ai pas plus de chances de bonheur et d'honneur dans une alliance de ma condition que dans une autre où toute la parenté rougirait de tenir à moi?

ANNETTE.

Si bien donc que, si c'est pour ce que nous pensons qu'ils viennent décadi et que nous disions oui, tu ne nous dédiras pas?

VICTOIRE.

Non, mes bons parents. (*Elle les embrasse tous deux à la fois.*)

SAINT-CHRISTAU.

Ecrivons-lui donc. Prends la plume.

« CITOYEN, ESTIMABLE ET CHER COLLÈGUE,

« Le voisin, Cadet Lagois, nous a fait part de ton dessein de nous hono-
» rer de ta visite avec quelqu'un (*La fille répète les derniers mots...* avec
» quelqu'un) décadi prochain. Nous t'attendons, moi et ma famille (... et
» ma famille) avec le plus cordial empressement (.... empressement), toi et
» ta compagnie (... et ta compagnie), la soupe sur la table et le verre à la
» main.
» Salut et fraternité (... fraternité).

(*Le père reprend la plume, écrit et dit*) :

» Ton dévoué concitoyen,

» Henri SAINT-CHRISTAU. »

VICTOIRE.

Bien, papa,

SAINT-CHRISTAU.

Plie la lettre, cachette-la, mets l'adresse : « Au citoyen Jean Bistos, exécuteur, à la maison de justice, à Tarbes. » (*Elle écrit.*) Je vais la porter au département pour la faire joindre à celles de l'administration. Il l'aura ce soir ou demain matin de bonne heure. et franche de port. — Sans adieu, mes deux petites biches blanches.

## SCÈNE III.

### ANNETTE, VICTOIRE.

ANNETTE.

Excellent homme ! Il m'a rendue jusqu'ici bien heureuse. Aussi je ne l'ai jamais contrarié ; tout ce qu'il a voulu, je l'ai voulu, et il se trouvait, par l'événement, que c'était raisonnable et bon.

VICTOIRE.

C'est que vous mettiez votre cœur où il mettait le sien, et la réussite s'ensuivait comme de nécessité.

ANNETTE.

Qu'étais-je quand il m'a connue ? une pauvre petite orpheline, soutenue par la charité de quelques bonnes dames unies entre elles pour faire le bien, et à la tête desquelles était la marquise vicomtesse de Candau, la providence des pauvres, alors dans tout l'éclat de la jeunesse, de la puissance et de la prospérité, et à qui Dieu fit si bien de confier une immense fortune.

VICTOIRE.

Que les temps sont changés !

ANNETTE.

Hélas !...
On m'avait placée comme petite bonne d'enfants, mais à condition qu'il me serait permis d'aller à certaines heures à l'école des bonnes sœurs pour me préparer à ma première communion. D'ailleurs, étant chez de bons maîtres, j'apprenais avec les enfants. Je fis tous mes devoirs. Je sus, en grandissant, le ménage, le service, un peu de cuisine et de couture aussi ; mais ce que je ne savais pas,... c'est que je devenais belle. Il ne manqua pas d'hommes pour me l'apprendre, et même de femmes, si l'on peut donner ce nom à de pareilles déhontées, tous empressés de m'enseigner à vivre au large sans travailler.

VICTOIRE.

Elles se croient libres, les pauvres esclaves !

ANNETTE.

J'avais été une fois à la noce. Il se trouva que, sans avoir appris, je finis par danser bien. Je ne quittai pas la main jusqu'au jour. J'étais enivrée de plaisir. Je me sentis une passion ardente pour ce divertissement, et j'avais une envie extrême d'en retrouver l'occasion ; mais je me gardai de la manifester ; je savais trop de gens prêts à la satisfaire. En compagnie honnête, à la promenade, je dansais, mais je ne consentis jamais à m'enfermer dans un bal public.

VICTOIRE.

Mère, vous vous arrêtez au plus intéressant.

ANNETTE.

Tu as raison; voici le plus intéressant.

VICTOIRE.

Je m'en doutais.

ANNETTE.

J'avais alors dix-sept ans.

VICTOIRE.

Deux ans de moins que je n'ai.

ANNETTE.

Cependant ton père, qui en avait vingt-trois, revenait de l'armée. Il s'était engagé à dix-huit ans, pour cinq années, dans le régiment du ci-devant vicomte de Candau, feu l'époux de ma protectrice. Il avait été comme moi, dans son enfance, un pauvre petit abandonné, mis pour tout faire et moyennant son pain, un abri et le vêtement, chez un maître boucher. Dans ses rares moments de repos, il cherchait à apprendre à lire, puis à écrire, puis à chiffrer; on l'aida, il en vint à bout. Il voulut faire aussi sa premiere communion, et sa seconde : oh! c'est un homme; ce qu'il a résolu c'est chose faite. Et puis, celui qui veut bien trouve toujours une bonne âme à qui Dieu inspire de le guider, et assez de loisir pour s'instruire et faire ses devoirs malgré son assujettissement.

VICTOIRE.

Qu'il y a peu d'enfants sur ce modèle, et combien peu de parents apprécient le temps et l'instruction !

ANNETTE.

Chose singulière : tous les garçons me faisaient la cour; les uns grossièrement, les autres avec des manières à mon sens plus insultantes, et cela, sous les yeux de Saint-Christau. Lui seul, il ne me disait rien; il ne prenait pas non plus ma défense, allant jusqu'à rire aux propos libres et au badinage brutal qu'on ne me ménageait pas. J'ai depuis réfléchi et reconnu que son sourire était plus amer que gai, car ses yeux irrités dissimulaient peu une fureur concentrée. On aurait pu voir en lui, avec un peu d'attention, un homme qui souffrait de sentir qu'il n'avait pas de droits sur moi; mais j'étais trop légère et trop inexpérimentée pour approfondir sa conduite à mon égard; et seulement elle m'impatientait, m'offensait, m'irritait : je haïssais l'homme qui paraissait si lâche et si dédaigneux de mon honneur... je croyais le haïr; mais je ne haïssais que son indifférence. Et lui, il voulait me voir éprouvée jusqu'au bout; et comme il m'avait choisie dans le secret de son cœur, il voulait l'être de même et pour son seul mérite. J'ai su depuis qu'il disait entre camarades : « Si je me marie, je sais qui prendre. »

VICTOIRE

Maman, j'écoute vos leçons d'amour; voilà que j'en ai besoin.

ANNETTE

Ah! fillette, que tu y es, je crois, déjà savante!

Ecoute donc. Voici le dénouement... C'est que je m'attendris à ces souvenirs puérils; je me moque, mais inutilement, de moi-même.

J'allais habituellement à la boucherie où il était étalier... là, plutôt qu'ailleurs, pourquoi? Je haïssais l'homme : tâche de t'expliquer cela. Et tandis qu'il riait et badinait avec les autres cuisinières, qui aiment tant cela, et qu'il les expédiait en les bouleversant, il me gardait pour la dernière, même quand j'étais arrivée la première. Je ne m'en plaignais pas. Il me servait sans me parler, mais toujours bien. Ma maîtresse ne me reprochait pas de rester trop longtemps dehors.

VICTOIRE

Allons! voilà que vous vous arrêtez encore une fois.

ANNETTE

Ce sera la dernière....

Il avait un an que cela durait.

Un jour, en mettant ma viande dans mon panier, où j'avais ma main enfoncée pour y faire une place, il me prit le bout des doigts et les pressa un instant, et comme nos têtes étaient baissées, nos cheveux se touchèrent et je sentis sur mon front la chaleur de son visage. Nous redressant, nos yeux se rencontrèrent. Il me dit tout bas : « Est-ce bien ? » Je lui répondis tout bas : « Oui. » De lui ni de moi rien de plus. Je me hâtai de sortir pour prendre l'air, sans quoi je me serais, je crois, évanouie. Rentrée à la maison, je m'enfermai et me mis à pleurer, sans savoir pourquoi, heureuse et triste. On m'appela; je dissimulai tant que je pus mes yeux rouges. Ma maîtresse qui était fine autant que bonne, me dit : « Vous avez pleuré. — Moi, madame ? — Oui : qui vous cause du chagrin ? — Je n'en ai pas. » Et je disais vrai. « C'est peut-être un coup de vent que j'aurai reçu. » Et cependant mon cœur gonflé poussait des larmes dans mes yeux. — « Annette, vous avez une peine secrète. — Oui, madame. — Dites, mon enfant; cela vous soulagera, et vous savez que, malgré ma sévérité, je vous aime dans votre intérêt. — Ah! madame, rien n'y peut. — Allons, calmez-vous; demain vous me conterez cela. — Oui, madame. »

VICTOIRE.

Attendez, maman, que je me calme moi-même.

ANNETTE.

Je ne te ferai pas le récit du reste de nos amours enfantins, qui durèrent encore plus d'un an. Nous n'avions rien; chacun de son côté songea à s'amasser un petit trousseau. Et quand j'eus une chambre faite, nous nous mariâmes. Il fut convenu que chacun gagnerait sa vie séparément, tant qu'on pourrait; mais cela ne devait pas aller loin : vinrent les enfants, et sans l'aide assidue de ma bonne vicomtesse de Candau, nous aurions été enfoncés dans la boue à n'en jamais sortir.

VICTOIRE.

Ma mère, nous y étions retombés dès il y a trois ans.

ANNETTE.

Nous et tant d'autres plus huppés que nous.

VICTOIRE.

N'étaient vous tous, mes père et mère, mes frères et sœurs, je voudrais y être encore au prix de ce qui nous en a tirés.

ANNETTE.

Que veux-tu ? la disette et ses compagnons, le maximum, les assignats, les boutiques fermées, la queue au pain ; ce sont là comme des loups voraces à chasser chaque matin par un pauvre homme chargé de famille et qui veut rester honnête.

VICTOIRE.

*Diou grande* ! avec quelle industrie !

ANNETTE.

On ne voyait plus que *suspects*, que *visites domiciliaires*, qu'*incarcérations*, malheurs qui ne tombaient pas seulement sur les riches... Et puis, les supplices devenaient fréquents ; les bourreaux manquaient... On appela mon mari au département, on lui dit : « La République a besoin de patriotes probes et fermes pour ses divers emplois. Tu es pauvre, tu es laborieux ; tu n'as pas d'établissement qui t'enchaîne, tu es sans place : nous t'offrons celle d'*exécuteur des hautes œuvres* ; nous te préférons, toi qui ne la demandes pas, à vingt autres qui la sollicitent. Acceptes-tu ? — Cet emploi me répugne et j'y suis tout à fait inapte. — Eh bien ! tu es *mis en réquisition* et nommé d'office. Voici ta commission ; demain tu prêteras serment. Appariteur, conduis le citoyen exécuteur des hautes œuvres du département des Basses-Pyrénées au logement attribué à sa fonction, dans la maison de justice révolutionnaire. » Et tout interdit, il est amené, son papier à la main, dans ce pavillon du ci-devant couvent des N... où nous sommes assez commodément installés.

Voilà notre excuse ; voilà comment il est devenu, malgré lui, la misère et la Terreur aidant, de garçon boucher bourreau.

## SCÈNE IV.

### Les Mêmes, SAINT-CHRISTAU.

SAINT-CHRISTAU.

Je passe en courant. Dînez sans m'attendre. L'accusateur public me fait demander. Il faut aussi que j'aille me mettre aux ordres du représentant commissaire de la convention, arrivé d'avant-hier. Je ne sais à quelle heure je pourrai rentrer ; mais soyez sans inquiétude, je trouverai à manger chez l'un ou chez l'autre.

ANNETTE.

Tu as l'air tout soucieux, mon Henriquet.

SAINT-CHRISTAU.

Madame de Candau, qui n'était que consignée dans son hôtel, vient d'être incarcérée.

ANNETTE.

Ah !!!

SAINT-CHRISTAU.

Adieu. (*Il embrasse sa femme et sa fille.*)

## SCÈNE V.

### ANNETTE, VICTOIRE.

###### ANNETTE.

Que je la plains!... et que je plains ton père!

###### VICTOIRE.

On ne la mettra pas en jugement.

###### ANNETTE.

Inévitablement oui, on l'y mettra... dès la décade prochaine... demain peut-être : on instruit vite à présent.

###### AICTOIRE.

Une dame âgée, qui vit seule et ne voit que les pauvres. De quoi l'accuserait-on ?

###### ANNETTE.

De quoi? d'être *suspecte*. Que sais-je ? d'avoir un fils à l'étranger ; d'être noble et riche.

###### VICTOIRE.

Ce n'est pas sa faute.

###### ANNETTE.

Chut ! ma fille ; les murs ont des oreilles.

###### VICTOIRE.

Ma pensée est à moi.

###### ANNETTE.

Il faut penser comme les maîtres, au moins en paroles, car il faut parler...

###### VICTOIRE.

Et vous m'avez fait taire.

###### ANNETTE.

Mais avec précaution : répéter les mots « à l'ordre du jour. » Par là, on a l'air ou de n'avoir pas de pensée à soi, ce qui est le mieux, ou d'être tout fait « au *pas*, » comme ils disent.

###### VICTOIRE.

Je puis me taire ; mais parler quand ou comme il ne me convient pas, non !

###### ANNETTE.

Petite Charlotte Corday ! petite Cécile Renaud !

###### VICTOIRE.

Je les admire, sans songer à les imiter jamais, en eussé-je l'occasion.

###### ANNETTE.

Prends garde, ma Victoire : parler, se taire ; regarder, ne pas voir ; pleurer, rire, tout a son danger. Nous somme en place, nous sommes doublement épiés par nos chefs, par nos envieux.

###### VICTOIRE.

Envier un pareil emploi !

ANNETTE.

Et à cause de cela nous sommes nous-mêmes réputés *suspects*.

VICTOIRE.

Comme aristocrates, apparemment ?

ANNETTE.

Comme aristocrates ou comme amis d'aristocrates : on sait quels services madame la vicomtesse nous a rendus autrefois ; si l'on savait de même qu'ils ne nous pèsent pas sur le cœur. comme à tant d'ingrats ; si l'on soupçonnait tout l'intérêt que nous prenons à elle !... De quoi peut-on s'assurer à présent ? il faut s'attendre à tout.

VICTOIRE.

Ma chère maman, je prendrai garde; je veux bien m'attendre à tout... mais je n'ai peur de rien.

FIN DU PREMIER ACTE.

# ACTE DEUXIÈME

### L'hôtel de Candau.

*Vaste salon, très-orné, mais à l'ancienne mode; deux tables sur le devant, à droite et à gauche de la scène.*

## SCÈNE PREMIÈRE.

### SAINT-CHRISTAU, LE REPRÉSENTANT, SON SECRETAIRE.

Escorte nombreuse : 8 gardes nationaux et un sergent ; 24 sans-culottes armés de piques et sabres, coiffés de bonnets rouges ; 4 soldats (ou plus) et un caporal. Un commandant. — Entrée : les sans-culottes précèdent et se rangent des deux côtés ; les gardes nationaux accompagnent ; les soldats ferment l'escorte.

LE REPRÉSENTANT (*Il s'avance vivement, et s'arrête court au milieu du salon*).

Faste insolent de l'aristocratie! tu t'étales sous ces lambris dorés et le peuple n'a pas un abri. Ni les rayons brûlants du soleil, ni les traits piquants de la bise n'atteignent ton indolence égoïste. Ces riches draperies, ces gazes et ces velours, les interceptent en même temps que la vue et les cris de l'indigence qui erre et bruit dans la rue, cherchant sa nourriture et un peu de paille pour se reposer la nuit. Tandis que l'aristocrate dort sous l'édredon, nage dans l'abondance, entretient des bêtes inutiles et des valets paresseux qui oublient dans la servitude leur qualité d'homme, le dénûment, la faim, l'insomnie dévorent le patriote. Mais, patience! encore un peu de temps et l'on ne verra plus vestige de cette monstrueuse iniquité. La terre et ses produits appartiennent à tous ; les douceurs de la vie ne sont pas le partage exclusif d'une caste oisive et orgueilleuse. Le genre humain a recouvré ses titres. L'homme ne sera plus exploité par l'homme, et déjà nous présentons au monde un grand exemple. Il y avait des soi-disant grands en ce pays de France, comme encore ailleurs il y en a et bientôt il n'y en aura plus : ils nous paraissaient tels parce qu'ils nous tenaient à genoux devant eux; nous nous sommes relevés... Plus de grandeur que la vertu, plus de noblesse que l'amour brûlant de la patrie!

Sans-culottes, gardes nationaux, soldats, vrai peuple français! restez unis comme la République est une. Maintenez votre confiance en vos fidèles représentants. Pour ma part, je vous félicite de celle que vous m'accordez, en vous remerciant de l'accueil que vous m'avez fait. Car qui suis-je par moi-même? Rien, mais tout par celui qui m'envoie, le Peuple souverain. Je suis le lien du faisceau; je suis encore, si vous voulez, la hache qui sort de ce signe symbolique de notre union, ferme et droite pour faire exécuter vos volontés qui sont la loi. — Vive la République!

L'ASSISTANCE.

Vive la République... (*plusieurs*) une et indivisible... (*quelques-uns*) et impérissable!

LE REPRÉSENTANT.

J'installe ici provisoirement mes bureaux. Qu'on me chasse la valetaille, les femmes surtout.

Commandant, établis un double poste à l'entrée de la maison. Les ci-devant concierge et suisse s'en iront, si mieux ils n'aiment s'employer à l'entretien de la propreté de la maison.

Le cuisinier préparera à manger au poste : usez, n'abusez pas. Il préparera aussi l'alimentation pour toutes les personnes qui résideront habituellement ou passagèrement ici. Il s'entendra pour cela avec mon secrétaire.

On posera deux des honorables sans-culottes en faction dans la rue, afin qu'on reconnaisse que cette maison, ci-devant souillée par l'habitation d'une aristocrate, est maintenant sous la protection du Peuple souverain, et sert de lieu de travail et d'asile à son Représentant. Il y aura un militaire dans chacune des antichambres et salles basses de ces vastes appartements.

Qu'on ne laisse entrer et sortir que sur mon ordre ou celui de mon secrétaire. Qu'on n'introduise personne dans mon cabinet sans l'annoncer : le sergent, à son défaut le caporal, introduira, et il restera près de ma porte si je ne lui fais signe de se retirer.

Citoyen Delou, tu vas rédiger cet ordre de service et tu veilleras à ce qu'il soit observé.

Allez. (*Tout le monde sort, excepté l'exécuteur.*)

## SCÈNE II.

LE REPRÉSENTANT, SAINT-CHRISTAU.

LE REPRÉSENTANT.

Il y aura de la besogne pour toi d'ici à peu.

SAINT-CHRISTAU.

Quelle?

LE REPRÉSENTANT.

Tu le demandes? Et la femme Candau?

SAINT-CHRISTAU.

Elle n'est pas condamnée.

LE REPRÉSENTANT.

Peu s'en faut.

SAINT-CHRISTAU.

Elle n'est pas même accusée.

LE REPRÉSENTANT.

Elle va l'être.

SAINT-CHRISTAU.

Le jury l'absoudra.

LE REPRÉSENTANT.

Qu'est-ce que tu dis?... parle : le jury l'absoudra? Qu'en sais-tu? D'où le sais-tu?

SAINT-CHRISTAU.

Elle n'est pas coupable.

LE REPRÉSENTANT.

Elle est suspecte; c'est bien assez.

SAINT-CHRISTAU.

Il n'y a pas de charges contre elle.

LE REPRÉSENTANT.

Il n'y a pas de charges? Envoi d'argent à un émigré; séduction du peuple.

SAINT-CHRISTAU.

Les charges s'évanouiront au premier coup d'œil.

LE REPRÉSENTANT.

Donc, à ton avis, l'accusateur public aurait été mal renseigné?

SAINT-CHRISTAU.

Peut-être. Mais d'ailleurs sa bonté, sa bienfaisance la sauveront.

LE REPRÉSENTANT.

La perdront.

SAINT-CHRISTAU.

Et quand le jury aurait peur de l'absoudre, le peuple demandera grâce pour elle.

LE REPRÉSENTANT.

Est-ce qu'il y a un complot formé pour arrêter le cours de la justice? En connais-tu les chefs, les adhérents?

SAINT-CHRISTAU.

Il n'y a pas de complot, que je sache.

LE REPRÉSENTANT.

Quel étrange discours alors me tiens-tu là?

SAINT-CHRISTAU.

Ce serait par un mouvement subit de pitié.

##### LE REPRÉSENTANT.

Bourreau!... si tu sais ou si seulement tu soupçonnes quelque machination, tu dois la dénoncer... Tu n'as pas à juger du plus ou moins d'importance de tes avis : l'acte de civisme le plus vertueux est la dénonciation ; le silence est un crime égal à la complicité, surtout de la part d'un fonctionnaire.

##### SAINT-CHRISTAU.

Non-seulement je ne sais rien, mais je sais, autant que possible, qu'il n'y a rien : qui s'attend à quelque danger pour l'innocente citoyenne veuve Candau ?... Quant à mon devoir, je le connais et je ne veux pas l'enfreindre.

##### LE REPRÉSENTANT.

Cependant tu ne blâmes pas ceux qui empêcheraient que la justice n'eût son cours... Tu te joins évidemment d'intention à eux.

##### SAINT CHRISTAU.

Ce ne serait pas la justice, mais l'injustice et la barbarie qui auraient cours, si madame de Candau était condamnée.

##### LE REPRÉSENTANT.

Toi-même tu condamnes à l'avance et de ta propre autorité les juges usant de leur liberté d'opinion ?

##### SAINT-CHRISTAU.

Je ne condamne personne : on n'a encore rien fait de condamnable, et j'espère qu'on ne fera rien.

##### LE REPRÉSENTANT.

Ainsi neuf citoyens, probes et sages, attendent de l'opinion d'un bourreau sur leur sentence, l'honneur ou la flétrissure !

##### SAINT-CHRISTAU.

Le bourreau est un homme ; l'opinion d'un homme est sa propriété.

##### LE REPRÉSENTANT.

Bourreau, mon ami!... je n'ai rien entendu encore. Songe à ton service, et ne songe à rien de plus... si ton salut t'est cher. J'ai à travailler avec mon secrétaire ; avertis-le ; et toi-même, tiens toi à ma disposition : je te ferai appeler dans moins d'une heure.

#### SCÈNE III.

##### LE REPRÉSENTANT, seul.

Voilà un singulier personnage!
(*Il écrit et dit à demi-voix*) : « Aux autorités supérieures, à Tarbes :
« M'envoyer tout de suite l'exécuteur des hautes-œuvres (pour refus... non,
« non! pour empêchement... non plus), pour insuffisance de celui d'ici.
« Pau, octidi 8 thermidor an II. 2 heures de relevée. » Et la signature.
(*Il cachette, scelle, sonne.*) — Sergent, fais porter ce pli par deux hommes sûrs au télégraphe, et qu'on me rapporte un reçu.
(*Il se lève, se promène.*)

Je n'ai pas dessein d'employer l'étranger, Dieu m'en garde! mais je veux être en état de me passer de celui d'ici et de le lui prouver, afin de vaincre une sorte de répugnance que je lui soupçonne à faire son devoir, au besoin. Mais gardons nos soupçons pour nous.

## SCÈNE IV.

### LE REPRÉSENTANT, LE SECRÉTAIRE.

#### LE SECRÉTAIRE.

Tout est arrangé. J'ai spécialement transmis tes ordres au cuisinier.

#### LE REPRÉSENTANT.

Bien... à présent, à l'ouvrage. Tu as ton procès-verbal de scellés?

#### LE SECRÉTAIRE.

Citoyen Représentant, souffre qu'avant tout je te fasse mon très-sincère et très-humble compliment. Ton éloquence est sublime : pensées, expressions, images, annoncent un esprit élevé, énergique, brillant, un génie hors ligne. Et puis, quelle action dans la voix, dans le geste! Ce discours d'ouverture exhalait un parfum du patriotisme le plus pur dont on voit que ton cœur est rempli. Tes auditeurs charmés n'ont fait que m'en entretenir : j'en tirais vanité comme t'appartenant. « Ce n'est pourtant, leur disais-je, qu'une improvisation. »

#### LE REPRÉSENTANT.

Tu as du goût et tu t'y connais. En effet, c'est improvisé. Un discours d'apparat me semble chose puérile autant que facile d'ailleurs. Mirabeau préparait ses harangues, ou plutôt on les lui préparait; il brodait dessus; il avait un talent, c'était le débit. Robespierre lui-même travaille péniblement ses moindres discours; ils sentent l'huile. A la Convention j'ai peu parlé; plus aux Jacobins; ma réputation s'est faite dans les comités. Je suis plus organisateur qu'orateur, plus vêtu que paré.

#### LE SECRÉTAIRE.

Quels talents alors n'allons-nous pas voir déployer dans ce département, qui a grand besoin d'une direction forte et prévoyante!

#### LE REPRÉSENTANT.

J'entends le régénérer et le mettre au pas. Le comité de surveillance de la localité m'a donné une liste d'aristocrates qui dominaient tout le pays. Je vois que mes prédécesseurs ont commencé l'œuvre d'extermination; mais c'est une vermine qui pullule : quand il n'y en a plus, il y en a encore... La Candau, qu'est-ce?

#### LE SECRÉTAIRE.

Une assez bonne femme, mais fanatique : cela croit en Dieu, cela pleure la messe. Riche, c'est-à-dire qui l'a été, qui l'est bien encore. Je lui ai connu, moi, enfant du pays et un peu dans les affaires, 300,000 livres de revenus de toutes sortes. J'enchérirais sans risque ce qui lui reste pour 100 et 150. Son mari, de la famille du Candau qui périt ici en 1569, avec Aydie, Fabas, Abidos, Pardiac et autres gentilshommes du parti catholique, es mort gouverneur lieutenant du ci-devant Béarn.

LE REPRÉSENTANT.

100,000 livres de rentes et probablement le double, c'est de quoi solder la Convention pendant une année.

LE SECRÉTAIRE.

Sans compter que le surplus est déjà passé de façon ou d'autre au service de la République.

LE REPRÉSENTANT.

Est-ce que cette femme ne prête pas ou n'a pas autrefois prêté à quelque ridicule sensible au peuple... du côté des mœurs, par exemple?

LE SECRÉTAIRE.

(*A part.*) J'entends. (*Haut.*) Comme elle a été, dans sa belle saison, d'une très-agréable figure, qu'elle a longtemps conservé ses grâces naturelles, et que d'ailleurs elle est douée d'un grand esprit, elle n'a pas manqué d'admirateurs. On lui a connu ou donné bien des soupirants, qu'avec un peu de malignité on peut transformer en galants peu maltraités. J'ai su même une chanson là-dessus... (*A part.*) Calomnie pure, mais utile, à ce qu'il paraît.

LE REPRÉSENTANT.

Assez causé. Ces renseignements ne me seront pas inutiles. Lis-moi ton protocole.

LE SECRÉTAIRE.

« L'an deux de la République, une et indivisible et impérissable, l'octidi 8 thermidor, deux heures soixante-onze minutes (3 heures 1/4 vieux style) de relevée, nous Jean-Brutus Perrin, représentant du peuple en mission... (passe) assisté de Marie-Joseph Delou, secrétaire-greffier nommé *ad hoc*...

LE REPRÉSENTANT.

Gardes-tu ces noms cagots?

LE SECRÉTAIRE.

Mes patrons étaient de bons sans-culottes, de race royale, il est vrai, mais rentrés dans la plèbe et travaillant de leurs mains pour vivre.

LE REPRÉSENTANT.

Au fait, c'est vrai.

LE SECRÉTAIRE.

Mais toi, citoyen Représentant, pourquoi laisses-tu accolé à ton nouveau prénom celui d'un ci-devant saint?

LE REPRÉSENTANT.

Jean le baptiseur! un ennemi et une victime des tyrans? C'est celui-là qui était un vrai sans-culotte!

LE SECRÉTAIRE.

Oui, mais tu ne te nourris pas comme lui, citoyen Représentant, de sauterelles et d'eau croupie. (*Tous deux rient.*)

LE REPRÉSENTANT.

Trève de badinage! reprends ta lecture.

LE SECRÉTAIRE.

« Nous sommes transportés — (passe!) au ci-devant hôtel de la ci-devant soi-disant marquise et vicomtesse de Candau, ledit excepté du séquestre mis sur la succession de son mari échue à leur fils émigré, comme faisant partie du douaire de ladite veuve Candau, mais depuis séquestré lui-même suivant le procès-verbal qui précède. »

LE REPRÉSENTANT.

C'est cela.

LE SECRÉTAIRE.

« ..... Où étant nous avons reconnu sains et entiers et comme tels levé les scellés apposés... »

LE REPRÉSENTANT.

Ecris.

(Une glace est par hasard disposée de façon que le secrétaire peut voir, tout en écrivant, ce que fait le représentant dans la pièce voisine, d'où il dicte.)

« ..... Dans une chambre à coucher, à côté du grand salon, sur un meuble armoire-caisse, icelui ouvert avec les clefs représentées par notre greffier, il s'est trouvé une grande quantité de papiers et valeurs de conséquence qui seront ultérieurement décrits et que nous avons d'abord reconnus être, d'une part, (LE SECRÉTAIRE répète : d'une part,) titres de famille et de noblesse, que nous avons provisoirement raturés, pour être plus tard lacérés et brûlés ; titres de propriété, de fiefs, d'acensements, terrier, beaux emphytéotiques, à domaine congéable, à locatairie perpétuelle, à rente foncière ; constitutions perpétuelles, viagères, fondations, cheptels, abonnements de moulins, de carrières, mines, forges, etc., tous plus ou moins entachés de féodalité... D'autre part. » LE SECRÉTAIRE : d'autre part.)

LE REPRÉSENTANT.

« Valeurs monétaires ou réalisables, savoir : assignats divers enliassés, de 10,000 fr., un paquet de cinq; de 2,000, un de dix ; de 1,000, deux de dix (*il en a mis en poche plusieurs pareils*) ; de 500, cinq paquets de dix chacun ; de 200, vingt en contenant chacun vingt-cinq ; enfin de 100, de 50, de 25 et coupures pour une somme de 3, 265 fr. (LE SECRÉTAIRE... « 3, 265 fr. »)

« Numéraire : or (il n'y en a pas beaucoup), deux rouleaux entamés de pièces à l'effigie du tyran, savoir : treize de 48 livres et vingt-deux de 24 (*il met plusieurs rouleaux dans ses poches*). Argent blanc : (deux, quatre, six, dix; trois, six, huit); quatre-vingts piles de pièces de 6 fr. en ayant vingt chacune; (trois, six, dix; deux quatre, six); soixante piles d'écus de 3 livres à vingt chacune ; en pièces moindres, environ 400 fr. (LE SECRÉTAIRE... « quatre cents livres.»)

« Papiers négociables : billets à ordre en blanc et billets au porteur sept, ensemble, 3,640 fr. (*il en met plusieurs dans sa poche*); traites acceptées et billets souscrits à l'ordre de ladite veuve Candeau. » En voilà un tas, tu les compteras et totaliseras. — Ah! voici qui mérite description (*il tire de sa poche deux papiers qu'il suppose trouvés sous les scellés*). » Une lettre de change tirée de Paris sur Madrid à l'ordre de ladite pour 3,000 piastres fortes; *idem*, une lettre ou écrit informe adressé à ladite indiquant des relations suspectes entre un tiers, elle et son fils absent; lesquelles deux pièces (*il revient et affecte de les faire voir au secrétaire qui affecte d'être dupe de leur sincérité*) nous avons cotées et paraphées *ne varientur*. »

<small>Pendant tout ce fait, le secrétaire simule une écriture rapide, répète les derniers mots et regarde à chaque période dans la glace, en faisant les gestes d'intelligence, etc.)</small>

Je vais chez l'Accusateur public lui remettre ces deux précieuses pièces de conviction ( *il les cote et paraphe, debout, sur la table du secrétaire*), et lui faire connaître en gros le résultat de l'opération. Achève l'inventorié, mets en règle ton procès verbal. Tu me l'apporteras à signer au tribunal, où je serai pour réchauffer par ma présence le jury, qui, dit-on, est assez froid, et aussi le tribunal et jusqu'à l'Accusateur public, que la populace m'a l'air de faire trembler. Je te constitue gardien judiciaire... Mais sauras-tu bien rédiger un procès-verbal de cette importance ? Je n'ai pas encore eu beaucoup d'occasions d'éprouver ta capacité sous ce rapport; le président t'a donné à moi...

LE SECRÉTAIRE.

Moi ! un ex-huissier ? destitué, c'est vrai, mais non pas pour cause d'incapacité.

LE REPRÉSENTANT, *riant*.

Il y a toujours place au monde pour les gens d'esprit. Pour moi, je n'ai que l'honneur d'être réformé ci-devant procureur fiscal d'un ci-devant soi-disant seigneur haut justicier.

<small>(Il va pour sortir, le secrétaire lui embarrasse et obstrue le passage.)</small>

LE SECRÉTAIRE, *d'un air piteux et narquois*.

Citoyen Représentant, je suis pauvre, j'ai de la famille, de grandes filles bientôt bonnes à marier ; je n'ai plus d'état ; je n'ai que de rares occasions, comme celle-ci, de gagner quelque chose... Fais-moi une gratification... sur ce que tu as confisqué au profit de bons patriotes comme toi et moi ; sur ce que tu as mis à part...

<small>(Le secrétaire fait un jeu de gestes indiquant qu'il a tout vu par la glace perfide. Le représentant tire un rouleau.)</small>

C'est bien peu ! (*Le représentant lui en donne un second*).
Très-reconnaissant ! — Citoyen Représentant, fais-moi goûter un peu de tout... Un paquet d'assignats, un seul, des gros ?... (*Le représentant lui en donne un.*) Très-reconnaissant et très-discret... A présent quelque bon billet au porteur ?... (*Le représentant lui en donne un des petits*). Alors deux ou trois pareils ? (*Le représentant les lui donne.*) Très-reconnaissant, très-discret et très-fidèle ! (*Le représentant sort enfin.*)

L'UN ET L'AUTRE, *à part*.

Mettons vite en sûreté cela. (*Le secrétaire se retourne et va vers lui.*)

LE SECRÉTAIRE.

Vous me parliez ? (*Le représentant sort sans répondre.*)

## SCÈNE V.

### LE SECRÉTAIRE, seul.

Le filou!... Il est capable de me faire arrêter avant dix minutes, le temps d'aller cacher sa part. Je serais convaincu, et mon sans-culottisme mis sens dessus dessous : mes co-sans-culottes feraient sur mes poches ce que nous avons fait ici sur la caisse... A qui confier cela, où le déposer?... Si je prenais les devants, et que j'allasse le dénoncer pendant qu'il est nanti?... cela me sauverait-il? Mauvaise idée... Je vais tout laisser ici, dans le secret de quelque meuble. J'ai les clefs, je suis gardien, on n'ouvrira pas sans moi. Si je n'ai pas la facilité de le retirer à temps, j'enchérirai le meuble à la vente ; la clef sera égarée ou forcée, la serrure mêlée ; je donnerai le mot au priseur-vendeur pour m'adjuger vite... C'est le plus sûr, ou le moins scabreux : quoi qu'il arrive, je sors pur de l'affaire ; car il ne se pourra qu'il n'en reste trace ; mais moi, je confonds les dénonciateurs, et, fort de ma probité mise au grand jour, je dénonce à mon tour le Représentant, s'il ne dégorge de nouveau... Il est trop malin pour dénoncer un complice, je n'ai rien à craindre, je garde... Pourtant, deux précautions valent mieux qu'une : vexé d'avoir été surpris et volé, il pourrait, par passion, être imprudent ; suivons ma première idée.

(Il ouvre un meuble à secret.)

O surprise! (*Il découvre les diamants, il les approche du jour.*) Ils sont vieux... montés, mais non moins brillants... Et ni l'un ni l'autre n'y avoir pensé! (*Il va les remettre et il y joint son paquet*)... Tout ensemble pour avoir tout à la fois. Je clos ma vacation. Allons dîner, il est grandement temps, et la joie donne de l'appétit!... Esclaves, servez vos nouveaux maîtres! (*Il sort.*)

## SCÈNE VI.

**LE REPRÉSENTANT** *revient, pressé des mêmes inquiétudes et des mêmes embarras.*

Il est capable de me dénoncer, le voleur! et adieu au respect redoutable qu'inspire mon caractère officiel ; et la Convention ne badine pas avec ceux qui se laissent prendre la main dans le sac. Prenons les devants ; après l'affaire qui m'absorbe aujourd'hui, demain j'envoie le réveiller par une visite domiciliaire. Va, mon bon homme, repais-toi et bois ton soûl ; ta joie sera courte ou tu me rendras tout.

(Il cherche quelque cachette ; il avise un petit placard, et sous la planche du fond il fait son dépôt. Il sonne ; le sergent de service entre.)

Les papiers publics et ma correspondance. (*Le sergent sort.*)
Du diable si on trouve cela, à moins de démolir la maison. D'ailleurs, j'y aurai l'œil ; je suis maître ici, rien n'y sera fait sans moi.

(Le sergent rentre avec les papiers qu'il pose sur l'autre table, et sort.)

## SCÈNE VII.

**LE REPRÉSENTANT**, seul. (*Il lit.*)

« Convention nationale : séance ; quartidi... » Tout va bien ; la montagne est, de plus en plus, haut la tête et la voix ; les crapauds du Marais se cachent ou se taisent... « Tridi : Tribunal révolutionnaire, salle de la Liberté... salle de l'Égalité... 70 à l'une ; 80 à l'autre ! Noms pour la plupart inconnus... « Départements : Nantes..., » Quelle prodigieuse activité. « Arras... » va bien. « Bourges... Nevers... Moulins... » un peu molles. « Lyon... » la ville sans nom, et bientôt sans habitants, pour peu que cela continue ; mieux que Paris. Cela nous fait honte. J'ai peur qu'on ne m'accuse de modérantisme... « Rapport des pétitions » ; ... mon nom ! deux dénonciations ; par l'une, en effet, je suis un modéré ; par l'autre, un buveur de sang : anonymes : « Ordre du jour » : merci, collègues, encore une fois sauvé. Je vous découvrirai, lâches !
    Mais ces nouvelles sont déjà vieilles, et les événements volent ; je suis ici au bout du monde. Que le territoire n'est-il comme une toile d'araignée où l'insecte, caché à l'extrémité de son vaste réseau, reçoit l'impression électrique du moindre attouchement de ses fils et glisse sur eux rapide comme la pensée jusqu'à la dernière attache !... Avec quelle prudence il faut se conduire, si loin des mouvements générateurs !... Sans compter qu'il n'est pas possible de les prévoir ; plus d'opposition ! uniformité complète de langage ! Ils ont mal fait de tuer leurs adversaires déclarés et de terrifier les autres : on savait par eux-mêmes leurs desseins, on connaissait leurs alliances, on devinait leur pensée. Je ne parle pas de ces fanatiques royalistes ou de ces forcenés démagogues, qui ne sont plus ; mais j'estimais le *vieux cordelier* : ce pauvre jeune homme avait été un des plus chauds, et, je crois, un des plus sincères républicains ; il était intelligent autant que courageux : il nous éclairait en nous contrariant... Les premiers pères de la révolution sont tombés les uns sur les autres, et qui sait ce qui adviendra du reste ?... Chaud en paroles, tiède au fond, mais ardent à l'œuvre révolutionnaire, voilà ma règle de conduite, ma boussole entre tant d'écueils... A quoi sert d'être patriote, si l'on cesse d'être ? Patriotisme chéri, souffre que, pour ta propre glorification, je subsiste... et fasse fortune.

(Il sort ; le secrétaire entre par une porte opposée, un peu ivre.)

## SCÈNE VIII.

**LE SECRÉTAIRE** (il chante).

« Vive le vin, vive l'amour ! » Vive le vin de Jurançon !... « Vive Henri Quatre, vive ce roi... » Halte-là ! Je deviens royaliste !... C'est que je suis dans la capitale de « ce diable à quatre » et que j'ai bu de son vin. Pardon, citoyens sans-culottes, venez faire comme moi et vous chanterez comme moi :

la vie est bonne ici et vous y deviendrez de bonnes gens... Assez de récréation! à l'ouvrage! cela presse.

(Il rouvre sa vacation; il se lève et inventorie; il ouvre différents meubles et met dans ses poches une infinité de petits objets réputés sans valeur. Il en vient au placard, il tâte, frappe et soulève la planchette. Il revient sur le bord de la scène avec des ris étouffés : il retourne tout prendre; nouvel accès de joie; réfléxion sombre; il court remettre tout en place. Il n'a pas plus tôt fait que le conventionnel revient pour voir, en apparence, s'il avance dans son travail; mais en même temps il jette un coup d'œil sur sa cachette. Il approche du bureau, où le secrétaire paraît fort attentif à sa besogne. L'un et l'autre est plus rassuré.)

## SCÈNE IX.

### LE SECRÉTAIRE, LE REPRÉSENTANT

#### LE REPRÉSENTANT.

Avances-tu, citoyen Delou? Dépêche-toi; abrége; l'important est que cela ait forme d'inventaire; à plus tard les détails. Apporte-le-moi, comme nous avons dit, dans deux heures au plus.

#### LE SECRÉTAIRE.
Dans une heure, sans faute, comptez sur moi.

#### LE REPRÉSENTANT.
Encore mieux.

## SCÈNE X.

#### LE SECRÉTAIRE (seul).

Je l'ai échappé belle! Ce que c'est qu'une bonne pensée, une pensée honnête! Et qu'on dise encore que la vertu n'est que pour les sots!... Tu venais pour le magot, nigaud; moins pour voir où j'en étais que s'il y était encore, ton or... Va, mon bon homme, dors en paix, en paix dors; il y est, mais pour moi : j'ai ton secret et tu n'as pas le mien. Reprenons la besogne. Il veut que j'abrège : en effet, comme il dit, c'est pour la forme; l'essentiel est fait. Ainsi ce ne sera pas long.

(Il écrit et dit à demi-voix :)

« Nous avons renfermé sous une seule cote et dans autant de cartons qu'il a été nécessaire tous les titres de propriété... et les avons cotés et paraphés au nombre de... pièces (en blanc, on les comptera plus tard) ci, cote A.
» *Item*... sous la cote B., les baux de toute nature... ci — B.
» *Item*, sous la cote C... ci — C.
» *Item*..... cote D.
» *Item*..... cote E.

» *Item...* (*Il prend une liasse.*) Effets négociables à l'ordre de ladite veuve Candau...) » Il n'en a pas mis de côté, de ceux-là : il n'en pouvait rien faire ; mais moi ? qu'y manque-t-il pour équivaloir à de bons billets au porteur ? un endos... Est-ce que cette bonne dame, qui est si charitable, ne le mettrait pas à quelques-uns de ces chiffons, à jamais perdus pour elle et pour ses héritiers, en faveur d'un pauvre père de famille comme moi, qui l'en prierait bien fort ? Ce à quoi je suis sûr qu'elle consentirait, si elle en avait la facilité, est-ce que je ne peux pas le faire pour elle ? Ce n'est plus un faux ; le fait ainsi considéré sous son vrai jour, c'est une bonne œuvre que je l'aide à faire, où je lui prête mon concours : la fin justifie les moyens. Ma conscience du moins n'en serait pas chargée, si la justice l'apprenant (mais elle ne l'apprendra pas) y trouvait à redire... Mais je n'ai pas de modèle ; il ne manque pas ici d'écriture de la dame, mais de signature, où en trouver ! Cherchons... bon, voici mon affaire, un vieux passeport de 90, au moment sans doute où elle projetait d'émigrer, de voyager, veux-je dire. « Signature du voyageur. » Oh ! signature aristocratique, gros et grands caractères : elle n'est pas difficile à imiter.,. Quand elle le serait !... Qu'est-ce que j'entends bourdonner à mon oreille gauche ? « ... C'est voler la République ?... » Puf ! un voleur qui vole l'autre, le diable s'en rit. Pièce de comparaison authentique, bonne à produire au besoin. (*Il la met dans sa poche.*) Un vieux passeport n'a pas de valeur... excepté pour qui sait s'en servir.

(Il revient à sa liasse de billets.)

Il faut en laisser ; il ne les a pas comptés, mais il les a vus.. Toutes bonnes signatures ! Prenons les plus forts et les meilleurs, ni trop ni trop peu : *in medio virtus*. J'en saurai toujours tirer pied ou aile ; j'aurai des prête-noms sûrs.

(Il choisit et en prend plusieurs, et reprenant son inventaire il dit en écrivant):

« ... Au nombre de neuf que nous avons cotés et paraphés par première et dernière pour être renfermés sous la cote F.

» A l'exception de quelques-uns (ceci se dit à soi-même et ne s'écrit pas) que nous avons mis sans les nombrer, compter, coter, ni parapher, n'en étant nécessaire, sous la cote G (*j'ai*). »

A présent me voilà, grâce à mon sans-culottisme, au-dessus de la misère, et la conscience nette : je n'ai rien qu'aux aristocrates. — Je sais bien que faire ; je vais agioter. J'achète avec mon or des assignats, avec mes assignats des biens d'émigrés ; je me mets dans la bande noire ; nous démolissons les châteaux, nous coupons les bois ; de l'argent que nous faisons des matériaux nous payons les prix d'adjudication ; nous revendons par petits lots les terres aux paysans. C'est là notre gain, nous nous y bornons. Je conserve les diamants, j'en ai besoin. Je prends avec moi la petite Saint-Christau, je l'entretiens grandement ; elle est jolie et elle a de l'esprit ; j'en fais, s'il le faut, ma femme. Par elle j'entre dans les fournitures, j'entre partout... Je deviens riche à mon tour, très-riche, immensément riche... Et quelque ci-devant grand seigneur, échappé tout nu à la tempête, viendra un jour me solliciter l'honneur de devenir mon gendre !

(Il sort en emportant son inventaire.)

FIN DU DEUXIÈME ACTE.

# ACTE TROISIÈME

## Le Tribunal Révolutionnaire.

La salle d'audience est l'ancienne chapelle du couvent, convertie en maison de justice. On remarque des grattages et du badigeon à certaines places, et de grands tableaux retournés.

Il est nuit ; la salle est éclairée aux bougies (on peut y mettre des quinquets, invention alors toute nouvelle) ; des servants achèvent de la préparer ; ils se retirent. Le conventionnel entre par une petite porte assez mystérieusement.

### SCÈNE PREMIÈRE.

#### LE REPRÉSENTANT.

Voici le siège de mon empire : c'est d'ici que partent mes arrêts : non que je les prononce, ou même que je les dicte ; il suffit que je les souffle, inspiré moi-même par un pouvoir supérieur. — Tous, de fait, agents, chacun néanmoins ne répond légalement que de soi : que le jugement à intervenir soit injuste, je m'en lave les mains ; mais qu'il soit profitable au système, j'en ai l'honneur là-bas.

### SCÈNE II.

LE REPRÉSENTANT, LE PRÉSIDENT DU TRIBUNAL RÉVOLUTIONNAIRE.

(Il entre par la porte du conseil.)

#### LE REPRÉSENTANT.

Citoyen Président, j'ai désiré t'entretenir en particulier un moment avant l'audience. — Es-tu sûr de ton jury ? es-tu sûr de tes assesseurs ?

LE PRÉSIDENT.

Parfaitement sûr : chacun de mes assesseurs, c'est moi ; je serais seul, il n'en serait ni plus ni moins. — Et quant au jury, la liste générale formée avec soin ne contient que des noms éprouvés, et je défie que des récusations, si l'on s'en permettait, ne laissassent pas toujours sur le banc des jurés neuf ennemis des aristocrates.

LE REPRÉSENTANT.

Bien !.., conservons les formes : je ne suis pas de ceux qui tuent sans jugement ; les Saint-Barthélemi ne me plaisent pas, ni (*un peu à part*) tes noyades et mariages républicains, mon petit Carrier, ni vos fusillades et mitraillades, messieurs Collot-d'Herbois, Couthon, Saint-Just et autres sacs de même farine : vous décréditez la cause et vous nous perdez avec vous.

LE PRÉSIDENT.

Les formes, la justice réglée, l'humanité ! Les victimes ne sont pas recevables à se plaindre : « Ce sont vos concitoyens, vos pairs, au nom de la loi, qui vous ont condamnés, vous ayant entendus en audience publique. »

LE REPRÉSENTANT.

L'auditoire aussi, chose à ne pas négliger !

LE PRÉSIDENT.

Nous avons, pour ce service, des hommes intelligents. Mais souffre que...

LE REPRÉSENTANT.

Et que penses-tu des mœurs de l'accusée ?

LE PRÉSIDENT.

Il n'y a rien à reprendre en elle de ce côté-là.

LE REPRÉSENTANT.

Cependant j'ai appris qu'elle avait été fort légère et quelque peu facile dans ses beaux jours... Toutes ces grandes dames ne se gênaient pas pour donner les plus pernicieux exemples au peuple, le regardant comme un vil esclave, insensible à l'honnêteté publique.

LE PRÉSIDENT.

Ah ! sans doute, et l'on ne saurait mieux préparer la condamnation d'un individu, d'une femme surtout qu'en ébranlant sa réputation de pudeur... Mais on m'attend là dedans pour le tirage au sort des jurés ; souffre que je me retire.

LE REPRÉSENTANT.

Touche à propos cette corde.

## SCÈNE III.

LE REPRÉSENTANT, seul.

Quand j'ai demandé, en partant, mes instructions et quels étaient au juste mes pouvoirs : — « Illimités, m'a-t-il été répondu ; avant tout, *battre monnaie*. La République a le plus grand besoin d'argent : les assignats n'y suffisent plus. Du reste, abattre tout ce qui s'élève, orgueil du génie, aristocratie du talent comme tout autre ; renverser tout ce qui résiste ; craindre pourtant et éluder ces résistances passives, solitaires, tenaces, pires que des révoltes ouvertes : celles-ci, on sait où et comment les combattre ; mais ce qui a l'apparence du martyre fait sur la multitude une impression contagieuse. — Choyer le peuple, l'appeler le *souverain*; ne lui laisser rien faire de soi-même, surtout le *colérer* contre les aristocrates, auteurs de tous ses maux. »

## SCÈNE IV.

L'auditoire se peuple. L'Accusateur public se place ; un défenseur officieux entre et s'asseoit. Le représentant se retire en donnant une poignée de mains à l'Accusateur public et jetant un coup d'œil furtif et inquisitorial sur le défenseur. — Les jurés entrent et se placent.

#### DEUX HUISSIERS.

*L'un crie :* — Le tribunal !
*L'autre :* — Berrets bas, citoyens !

(Le Président et deux juges : ils se placent. — Des servants apportent des bougies devant le Président et devant l'Accusateur public, et non devant le défenseur officieux.)

## SCÈNE V.

#### Les mêmes. LE PRÉSIDENT et deux ASSESSEURS.

#### LE PRÉSIDENT.

L'audience est ouverte. Gardes, amenez l'accusée.
(Le représentant rentre en silence et s'asseoit dans un coin du prétoire.)

## SCÈNE VI.

#### LES PRÉCÉDENTS, MADAME DE CANDAU.

(Elle est suivie d'un seul garde. En entrant elle fait trois révérences, une au tribunal, une au jury, une à l'auditoire. — Le garde lui indique respectueusement la place où elle doit s'asseoir. — Tout cela se fait en silence et avec une lenteur solennelle.)

#### LE PRÉSIDENT.

Accusée, tes noms, prénoms, qualités, âge, domicile et résidence ?

#### MADAME DE CANDAU.

Jeanne-Louise-Elisabeth-Victoire Dunas de la Thèse, dame de Lescar, de

Marlâas, Gabasson et autres lieux, veuve de messire Jean-Baptiste-Pierre-Hyppolite Castetis, marquis, seigneur de Jurançon, Mascaras et autres lieux; vicomte d'Orthez et de Candau, en son vivant, commandeur des ordres du roi, brigadier de ses armées, commandant pour monseigneur le duc de Grammont gouverneur des château, ville et place de Pau ; domiciliée en cette ville, maintenant enfermée à la prison.

#### LE PRÉSIDENT.

Tu aurais pu te dispenser de déduire toutes ces vaines qualifications que réprouve l'égalité républicaine. Accusée, «la loi est impitoyable envers les ennemis de la République ; et quant aux patriotes calomniés, elle leur donne pour défenseurs naturels des jurés patriotes.» Cependant, parce que tu n'es point toi-même une émigrée rentrée, ni un brigand pris les armes à la main, ni un chef ostensible de conspiration, la nation, toujours grande et généreuse, me permet, dans la circonstance, de t'accorder un défenseur officieux.

#### LE DÉFENSEUR.

Nous aurions plusieurs récusations à faire. La plupart des citoyens jurés ont, à l'égard de l'accusée, soit des intérêts hostiles, soit une antipathie de caste. Mais elle me défend de proposer ces récusations.

#### LE PRÉSIDENT.

Greffier, donne lecture de l'acte d'accusation. Accusée, sois attentive.

#### LE GREFFIER (*il lit*).

« Jeanne-Louise-Elisabeth-Victoire Dunas, veuve de Jean-Baptiste-Pierre-Hyppolite Castetis dit de Candau, a de lui un fils, majeur, émigré au service des ennemis de la patrie, en ce moment en Espagne. Elle est accusée d'entretenir avec eux des relations en y faisant passer des sommes considérables de numéraire, qu'elle adresse notamment à l'émigré son fils. En effet, quoique très-riche, il n'a été trouvé chez elle, suivant le procès verbal qui sera produit, qu'une somme insignifiante en proportion de son revenu qui est considérable ; d'autant qu'elle dépense habituellement peu pour l'entretien de sa maison et que les termes d'été de ses fermages sont échus depuis un mois. Enfin sous le nom d'aumônes, la femme Candau attache à son parti la partie pauvre et ignorante du peuple, l'avilit et corrompt son patriotisme. »

#### LE PRÉSIDENT.

Veuve Candau, tu l'as entendu ; tu es accusée d'avoir entretenu des relations avec les ennemis de la République ; d'avoir fait passer du numéraire à un émigré, et de corrompre le peuple par tes largesses. — Qu'as-tu à répondre ?

#### MADAME DE CANDAU.

Je n'entretiens pas de relations avec les ennemis de la République. Pour ce qui est de mon fils, il n'est pas émigré ; c'est un mineur qui voyage depuis trois ans avec son gouverneur pour achever son éducation. Il revenait en France par l'Espagne, quand je lui ai mandé de retarder sa rentrée, parce que, étant porté sur la liste des émigrés, il serait atteint par la sévérité des lois...

LE PRÉSIDENT.

Juste sévérité !

MADAME DE CANDAU.

... Avant qu'on ait pu prouver les causes légitimes de son absence.

LE PRÉSIDENT.

Quel âge a ton fils ?

MADAME DE CANDAU.

Vingt-deux ans.

LE PRÉSIDENT.

Il est majeur, d'après la loi nouvelle.

MADAME DE CANDAU.

J'ignorais le changement.

LE PRÉSIDENT.

Et de plus, il est d'âge à porter les armes. Il doit, comme tout jeune Français, son service à la patrie, et il la fuit, et il le donne à l'Étranger contre elle.

MADAME DE CANDAU.

Je ne sache pas qu'il serve dans l'armée espagnole ou ailleurs.

LE PRÉSIDENT.

Tu avoues que tu lui fais passer beaucoup d'or et d'argent ?

MADAME DE CANDAU.

Je fais passer à mon fils, là où il se trouve, une part des revenus des biens de feu son père. Je la prends sur celle qui m'appartient comme douairière, le surplus étant séquestré.

LE PRÉSIDENT.

« Tu savais bien que la loi défend ces relations criminelles ; du moins, tu devais le savoir, personne n'étant censé ignorer la loi. De fait, la connaissais-tu ? »

MADAME DE CANDAU.

Non,... mais « que je la connusse ou non, j'en connaissais une supérieure, universelle, ineffaçable, émanée du Créateur, qui ordonne aux parents de nourrir leurs enfants. »

LE PRÉSIDENT.

(Il interroge du regard le représentant qui détourne le sien.

Comment se fait-il qu'on ait trouvé chez toi si peu de valeurs monétaires eu égard à ta fortune connue ?

MADAME DE CANDAU.

Moi-même, en effet, j'en suis étonnée la première.

LE PRÉSIDENT.

Femme Candau, voudrais-tu jeter des soupçons sur la probité des fonctionnaires intègres qui ont procédé aux scellés et à l'inventaire ?

(Silence. Même geste entre le président et le représentant.

Tu donnes secrètement tout ton superflu aux indigents, pour en faire des partisans du despotisme...

(Silence.)

Et leur faire regretter l'aristocratie, qui les nourrissait à ne rien faire...
(Silence. Même jeu de regards.)
Et ton superflu est grand, à la manière parcimonieuse dont tu vis,... au lieu de faire aller le commerce et l'industrie par une grande consommation.
(Silence. Le représentant paraît impatienté de ces questions.)
Tu n'as pas toujours mené une vie si frugale, toujours tenu une conduite si rigide ; si tant est que la réalité réponde à l'apparence. Que de fêtes splendides naguères encore à l'hôtel Candau? que d'orgies?... A-t-on jamais
(Le représentant prête attention.)
ouï dire que ta ci-devant beauté eût renvoyé désespéré aucun de ses nombreux adorateurs ?
(Murmures d'indignation dans toute la salle; le défenseur officieux se lève; Madame de Candau aussi, mais pour lui imposer silence.)

### MADAME DE CANDAU.

Je suis vengée !
(Murmure approbateur.)

### LE PRÉSIDENT.

Tu as parlé de celui qui accompagne ton fils en qualité de gouverneur. Est-ce un Français?

### MADAME DE CANDAU.

Oui.

### LE PRÉSIDENT.

C'est un abbé sans doute, et un jeune homme?

### MADAME DE CANDAU.

Oui.

### LE PRÉSIDENT.

Un prêtre insermenté, un réfractaire, un émigré. Ne crains-tu pas d'être accusée de complicité avec un individu en état de rébellion, en lui fournissant les moyens de s'y maintenir, au lieu de le dénoncer, comme en pareil cas chacun doit faire ? Dis son nom et sa famille.
(Silence. Le représentant est tout à fait impatienté et gesticule.)

### LE DÉFENSEUR.

Je fais observer qu'il n'y a point d'instruction faite sur ce chef et qu'il n'est point énoncé en l'acte d'accusation.

### LE PRÉSIDENT.

La parole est à l'accusateur public.

### L'ACCUSATEUR PUBLIC.

Citoyens jurés,

Mon discours sera bref : vous n'avez pas besoin de longues explications de ma part, ni de la vôtre d'un grand effort d'attention pour que la véracité de l'acte d'accusation soit établie devant vous et soit manifeste à vos yeux.

Voici deux pièces entre autres, qui ont été trouvées sous les scellés apposés chez l'accusée lors de son arrestation. Elles sont inventoriées, cotées et paraphées. Elles constatent des relations coupables de cette femme avec l'étranger, avec des suspects en France, avec un émigré en Espagne. Vous les examinerez. Si la défense les argue, l'accusation saura répondre.

Mais d'ailleurs, quel besoin de preuves écrites ? L'accusée reconnaît qu'elle fait habituellement passer du numéraire à l'étranger, qu'elle l'adresse à un émigré. Elle est convaincue par ses propres paroles.

En vain nie-t-elle que l'individu, objet de sa correspondance criminelle, soit émigré. C'est un fait acquis au procès : cet individu est porté sur la liste des émigrés ; il est hors de France, dans un pays hostile à la France ; il est d'âge à porter les armes, il le doit pour la défense de son pays, la France, et pouvant y rentrer, il fuit la France. Probablement même, et nous croyons en avoir des indices, au surplus surabondants ici, il sert en sa ci-devant qualité de gentilhomme, et il sert nécessairement contre sa patrie, la France.

Et tandis que cette ci-devant soi-disante vicomtesse ou marquise aide ainsi au dehors les ennemis de la patrie, elle leur acquiert au dedans des fauteurs en distribuant ses immenses revenus à cette partie du Peuple qui est bonne mais ignorante et nécessiteuse, et dont, pour ces causes, le patriotisme est facile à resserrer autour de l'aristocratie.

Citoyens jurés, vous êtes les appréciateurs de la preuve morale d'un fait, vous ne l'êtes pas de ses conséquences légales : d'autres que vous, à côté de vous, ont cette dernière fonction. Là s'arrête votre omnipotence. Quand le fait inculpé est évident, le jury ne peut hésiter à le déclarer tel, sans égard à la personne, qui lui semblerait mériter de l'indulgence par une vie louable ou paraissant l'être ; sans égard, non plus, à des circonstances qui, dans la perpétration du crime, en atténueraient la malignité ; car ce serait s'arroger un droit de grâce incompatible avec la justice et à jamais aboli, ou prétendre faire plier la sage inflexibilité de la loi.

Citoyens jurés, songez qui vous êtes : les amis de l'égalité, les défenseurs de la révolution, les élus du Peuple souverain qui veut se faire enfin justice de ses anciens oppresseurs.

(L'accusateur public mendie, en se rasseyant, un regard approbateur du Représentant.)

LE PRÉSIDENT.

La parole est au défenseur de l'accusée... Défenseur, soyez bref et respectez la loi.

LE DÉFENSEUR OFFICIEUX.

Citoyens magistrats, citoyens jurés,

Quoique je n'accepte pas sans restriction la théorie du citoyen accusateur public sur les facultés et devoirs du jury, je ne la combattrai pas en ce moment ; je m'en rapporte au bon sens et à l'humanité de chacun des jurés en particulier.

Je n'exalterai pas non plus les vertus personnelles de l'accusée ; on lui en fait un crime.

Pourtant j'oserai dire qu'elle aussi est une ardente amie de la sainte Egalité républicaine, faisant sa société des petits et des infortunés, vivant comme eux sans faste et sobrement, n'ayant enfin d'aristocratique, à vrai dire, que son nom et sa fortune.

Elle est riche : si par hasard c'est un déshonneur sans-culottique, est-ce un crime ? — Et puis, riche, elle le fut : le sequestre est sur les biens de la succession de son mari à cause de l'absence accidentelle, qu'on traite d'émigration, de l'héritier, son fils : et quant à la fortune personnelle de l'accusée, elle est réduite des trois-quarts: la loi, qui l'année dernière a déclaré nulles les rentes foncières ou constituées perpétuelles ou viagères entachées du moindre signe ou souvenir de féodalité, celle qui autorise les remboursements en assignats, enfin la loi d'amortissement des rentes sur l'Etat et sur les établissements publics, ont atteint de leurs coups l'édifice dans ses fondements et n'en ont laissé guère que la place et les débris.

**LE PRÉSIDENT.**

Défenseur, abrégez.

**LE DÉFENSEUR.**

Mais, me renfermant dans la stricte légalité, j'avance et j'entends démontrer que l'accusation n'a pas de soutien.

1° On n'est pas *émigré* pour être porté sur la liste: l'inscription crée, je le veux, une présomption légale ; mais toute présomption cède à la réalité, qui vient à se manifester ; c'est une règle de bon sens autant que de droit. Il est assez évident ici que le fils Candau n'a point émigré ; c'est un jeune homme qui, dès avant les lois sur l'émigration, a commencé à voyager, suivant l'usage, pour son instruction, et que retiennent hors de son pays soit la même intention, soit des causes accidentelles. Il n'est pas du tout prouvé, pas même probable, qu'il ait pris du service à l'étranger, surtout contre la France ; aucun indice n'en est produit. Enfin le gouvernement lui-même n'a pas jugé ce jeune homme émigré, puisqu'il n'a pas *confisqué* et vendu nationalement son patrimoine et qu'il ne l'a mis que sous le sequestre.

C'est donc sans contrevenir à la loi stricte, à sa lettre ou à son esprit, que la citoyenne veuve Candau aurait fait passer de l'argent à son fils retenu malgré lui en Espagne où il est dénué de tout secours.

2° Mais quand, dans l'hypothèse plus qu'exagérée de l'émigration de ce jeune homme, sa mère aurait correspondu avec lui, *comment le sait-on?* Par la seule déclaration de l'accusée à l'audience. Nulle preuve antérieure et d'autre source n'est produite. Or la seule humanité le proclame, si d'ailleurs ne l'enseignait la doctrine : nul ne peut être condamné sur sa seule déclaration ; nul n'est cru s'accusant soi-même ; *nemo auditur perire volens*.

On a parlé, comme preuves indépendantes de cette déclaration, de papiers trouvés sous les scellés, qu'on n'a pas discutés, pas même lus.

Avant tout, je prétends que l'accusation ne peut se prévaloir de documents provenant, dit-on, de scellés levés hors la présence de l'accusée ou de quelque représentant de son choix. Je me plains subsidiairement de ce que ces papiers n'ont pas été communiqués à la défense avant l'audience ; finalement et très-surabondamment, de ma seule volonté, je les examine, et je n'y vois rien de ce qu'on annonçait y être. — L'un, c'est un écrit informe, sans signature connue ou lisible, par lequel on |parlerait, en termes vagues et affectés, à l'accusée de son fils et de ses sentiments contre l'état de choses en France. Des sentiments ne sont pas des actes ; les actes seuls, opérés ou tentés, sont susceptibles de criminalité. Nos sentiments ne peuvent être attestés que par nous. Enfin les sentiments d'un autre, fussent-ils de notre fils ou de notre père, ne sauraient être un grief contre nous : les crimes, les fautes, tout ce qui émane de la volonté, tout cela est personnel.

L'autre pièce est une lettre de change tirée de Paris sur Madrid à l'ordre de la dame de Candau. Est-elle envoyée? est-elle endossée?... En vérité, il faut avoir un esprit bien subtil pour tirer de là une présomption, une suspicion de correspondance avec les ennemis de la République.

Au surplus, ma cliente m'autorise à déclarer qu'elle n'a aucun souvenir de ces papiers.

Et, de moi-même, en passant, je dirai que j'ignore comment une imputation plus ou moins vraie ou calomnieuse sur les mœurs privées d'un accusé servirait justement de base ou d'étai à sa condamnation pour crimes politiques.

Citoyens jurés, j'ai porté, j'en suis sûr, la conviction dans vos esprits et j'ose dire, dans vos cœurs, sur l'innocence de ma cliente... « Hommes, soyez humains, c'est votre premier devoir, » a dit un philosophe. Français, ne souffrons pas qu'on pense avec raison chez nous, ce qu'un citoyen romain, dans des temps calamiteux, s'écriait, en voyant un matin son nom sur l'affiche des proscrits : « Ah! c'est ma belle maison d'Albe qui me tue. »

#### L'ACCUSATEUR PUBLIC.

Je ne laisserai pas sans réfutation une doctrine pernicieuse et des paroles plus qu'indiscrètes échappées à l'intempérance de langue de l'imprudent défenseur officieux, et surtout je ne lui pardonne pas ses insinuations perfides, principalement son dernier trait, lancé à la manière des Parthes. Certes, s'il fallait juger de son civisme par son discours maladroit, nous pourrions compter un individu suspect et dangereux de plus dans la localité. J'en abandonne l'appréciation au digne Représentant du Peuple en mission dans ce département, et je le supplie de croire que notre population et spécialement tous les honorables citoyens qui composent ce tribunal sont loin de partager le modérantisme fallacieux d'un orateur qui, retournant son rôle, accuse plus qu'il ne défend. C'est à faire regretter la trop grande indulgence du citoyen président qui, usant à l'excès de son pouvoir discrétionnaire, a permis qu'une aristocrate eût un défenseur. Qu'en est-il arrivé? Ce rusé défenseur a vitupéré la loi, la justice et les fonctionnaires, insinuant que celle-là est injuste, la seconde inquisitoriale, et ceux-ci impurs. — Trop longtemps le Peuple, l'unique souverain, a été opprimé ; trop longtemps les aristocrates ont usurpé ses droits, ont bu ses sueurs! Nous répondrons à la confiance de la Convention nationale et de ses vigilants comités; sage Représentant, donnez-leur-en l'assurance.

Et vous, hommes probes et patriotes, ne vous laissez point émouvoir par des paroles doucereuses. Que vient-on vous citer des règles de droit, vous opposer des chicanes procédurières? Votre conscience éclairée par votre civisme vous ôtera toute hésitation. — Nous sommes en pleine guerre au dedans aussi bien qu'au dehors : nous sommes en présence de l'ennemi. La République vous regarde et vous encourage ; elle se fie à vous : point de fausse pitié, point de paix! la fin justifie les moyens; si nous ne sommes vainqueurs, nous serons vaincus.

#### LE PRÉSIDENT.

L'accusée a-t-elle quelque chose à ajouter à sa défense?

(Silence.)

Les débats sont clos. Je les résume.

La veuve Candau, ci-devant soi-disant vicomtesse et marquise, est accusée d'avoir correspondu avec les ennemis de la République. Effectivement, c'est un fait acquis au procès : des pièces trouvées sous les scellés apposés à son domicile le démontrent ; de plus, elle a un fils en état d'émigration, et elle avoue lui avoir fait passer, à titre d'aliments, dit-elle, une grande quantité de numéraire. Cette exportation de numéraire, à laquelle se livrent par toutes sortes de voies les aristocrates restés sur le territoire, déprécie inévitablement la monnaie légale et devient ainsi une des causes de la misère publique. Encore, si on le jetait à la mer, il serait perdu, mais ne se convertirait pas en armes contre nous. — Du reste, l'accusé est encore un de ces antagonistes dissimulés de la République, qui, sous prétexte de bienfaisance, corrompent la probité du pauvre peuple en rétrécissant son patriotisme.

La défense oppose à ces faits des dénégations, à ces raisons des intentions innocentes de piété maternelle ou d'humanité. Aux preuves écrites, elle répond par des doutes injurieux ou par des arguties indignes d'être sérieusement discutées.

Les questions donc qui ressortent des débats sont identiquement celles qui sont posées dans l'acte d'accusation. Je les rappelle.

La veuve Candau, accusée, est-elle coupable :

1° D'avoir entretenu des relations avec les ennemis de la République, et spécialement d'avoir fait passer du numéraire à un émigré ?

2° De corrompre la population par ses largesses ?

Gardes, emmenez l'accusée.

## SCÈNE VII.

### LES MÊMES, MOINS L'ACCUSÉE.

#### LE PRÉSIDENT.

Avant tout, le jury croit-il nécessaire de se retirer dans sa chambre des délibérations, ou est-il en état de donner tout de suite son avis ?

L'une des questions impliquant l'autre, je mets aux voix, pour abréger, la seconde.

Que ceux qui pensent que le jury est en état de prononcer tout de suite lèvent la main..... six voix.

L'autre question est inutile. Néanmoins par forme de contre-épreuve et pour plus de liberté, je la mets aux voix.

Que ceux qui sont d'avis que le jury a besoin de se retirer dans sa chambre pour délibérer lèvent la main..... deux voix.

Greffier, tiens note.

(Durant cette opération le Représentant s'est penché pour remarquer les dissident. qui se sont timidement cachés dans les rangs.)

Je recueille donc les avis individuels.

Sur le premier chef d'accusation :

1ᵉʳ juré ? « Coupable. » — 2ᵉ ? « Coupable. » — 3ᵉ ? Non coupable. » 4ᵉ ? « Non coupable. » — (*Le président s'arrête interdit. Le conventionnel se penche pour voir les dissidents.*) — 5ᵉ ? « Coupable. » — 6ᵉ ? « Coupable. » — 7ₑ ? « Coupable. » — 8ᵉ ? « Coupable. » — 9ᵉ ? (*Ce dernier ne répond pas, balbutie, s'évanouit. On l'emporte.*)

LE PRÉSIDENT.

Greffier, approche de lui ; recueille sa réponse ; qu'a-t-il dit ?

LE GREFFIER.

« Coupable »... ou « non coupable, » je n'ai pu bien distinguer.

LE PRÉSIDENT.

Que le premier des trois suppléants prenne sa place et réponde.

LE SUPPLÉANT.

« Coupable. »

LE PRÉSIDENT.

Je passe au deuxième chef d'accusation, sur la deuxième question : premier juré ! — « Non coupable » (et ainsi de suite pour les neuf).

### SCÈNE VIII.

A ce moment, une foule arrive qui présente une pétition. Le conventionnel s'en va.

LA FOULE.

Grâce, grâce !

LE PRÉSIDENT.

Gardes, faites évacuer la salle ; huissiers, fermez les portes ; qu'on arrête les récalcitrants. (*Le public sort.*) Ramenez l'accusée.

### SCÈNE IX.

Scène muette entre l'accusée et le défenseur ; celle-là le visage serein, celui-ci tout désolé.

LE PRÉSIDENT.

Greffier, lis le résultat de la délibération des jurés.

(A ce moment un satellite sort de la chambre du conseil, un papier à la main qu'il présente au défenseur ; celui-ci se lève et le suit. La dame, à son tour, sans faire attention à ce qui se fait au tribunal, est désolée et le défenseur calme ; il sort par la porte des prisonniers ; la dame lui présente sa main qu'il baise.—Ceci se passe durant la lecture du greffier et le prononcé du président.)

LE GREFFIER.

Sur la première question : à la majorité de 6, 7 voix, « oui ; » sur la deuxième question : à l'unanimité, « non. »

LE PRÉSIDENT.

Huissiers, rouvrez les portes.

(Pendant qu'ils y procèdent lentement, ce qui suit se passe rapidement.)

L'ACCUSATEUR PUBLIC.

Nous requérons contre l'accusée l'application des peines édictées par les lois des 22 prairial et 30 brumaire an II.

## SCÈNE X.

LES MÊMES, MOINS LE DÉFENSEUR ; LE PUBLIC.

LE PRÉSIDENT.

Le tribunal, vu la déclaration du jury ; vu l'art. 7 de la loi du 22 prairial dernier ainsi conçu : « La peine portée contre tous les délits dont la connaissance appartient au tribunal révolutionnaire est la mort; » condamne Jeanne-Louise-Elisabeth-Victoire Dunas, veuve Candau, à la peine de mort; prononce la confiscation de ses biens... L'audience est levée.

(Le tribunal se retire en diligence, ainsi que l'accusateur public; les gardes emmènent l'accusée; les jurés se retirent lentement et comme consternés. — Les portes de l'audience s'étant trouvées ouvertes dans le cours du prononcé, quelques personnes entrent. Des servants viennent immédiatement les faire sortir et fermer les portes; ils éteignent les bougies, moins deux.)

## SCÈNE XI.

LE REPRÉSENTANT, *seul*. (Il entre par la chambre du conseil ; il fait signe aux servants de se retirer.)

Un moment, j'ai appréhendé, j'ai craint une émeute ; mais j'étais sur mes gardes; le drôle que j'attends, m'avait, sans le vouloir, donné l'éveil; et l'acte de vigueur que j'ai fait en public apprendra aux plus hardis à trembler. (*Il se promène.*)

Pouvoir absolu; force en main; habileté, je m'en crois; qu'ai-je à craindre? Un bataillon, cela suffit, à mes ordres ; des soldats qui ne connaissent ni père ni mère, ni Dieu ni diable, et n'entendent même pas le patois de ce pays ; une garde nationale sans unité, heureusement, gens casaniers, peureux, bons tout au plus à faire la haie aux fêtes républicaines et l'escorte aux exécutions; la jeunesse vigoureuse aux frontières; je me le demande encore, qu'ai-je à craindre... ici, du moins?

## SCÈNE XII.

LE REPRÉSENTANT, SAINT-CHRISTAU. (Il entre par la porte des prisonniers..)

LE REPRÉSENTANT.

Voilà ta bonne amie la Candau condamnée, malgré tes prédictions. Que comptes-tu faire?

SAINT-CHRISTAU.

Rien.

LE REPRÉSENTANT.

Qu'entendez-vous par ces paroles, rien !... Tu ne réponds rien ?

SAINT-CHRISTAU.

Comme tu dis, citoyen.

LE REPRÉSENTANT.

Rien ?

SAINT-CHRISTAU.

Citoyen Représentant, j'ai tout dit.

LE REPRESENTANT.

Alors, ce sera un autre... Faute d'un moine l'abbaye ne manque pas... Et demain à la pointe du jour, il sera ici ; je l'ai mandé dès ce matin... et, s'il est besoin, il servira pour deux... Un simple ordre de moi, sans jugement, suffirait, car enfin, tu te constituerais en flagrant délit de rébellion, et mes instructions m'enjoignent de vaincre toute résistance. C'est d'ailleurs le droit commun : le capitaine qui verrait dans le combat un soldat fuir ou lui désobéir, peut et doit lui passer son épée au travers du corps.

SAINT-CHRISTAU.

Je le sais ; j'ai été soldat ; j'ai vu le feu de près... La mort, nommons-la, m'effraie peu.

LE REPRÉSENTANT.

Oui, sur le champ de bataille, parée de gloire et d'honneur ; d'ailleurs, chanceuse ou vengée. Mais sur l'échafaud, on la voit venir, pas à pas, certaine, infâme.

SAINT-CHRISTAU.

C'est un mérite, aujourd'hui devenu commun, de l'y braver ; et puis, on l'a dit :

> Le crime fait la honte, et non pas l'échafaud.

LE REPRÉSENTANT.

La rébellion ne serait-elle plus un crime ?

SAINT-CHRISTAU.

Je ne suis qu'un serviteur...

LE REPRÉSENTANT.

Un fonctionnaire...

SAINT-CHRISTAU.

Un bourreau...

LE REPRESENTANT.

... Important, nécessaire.

SAINT-CHRISTAU.

Soit, un homme du peuple...

LE REPRÉSENTANT.

Le peuple est tout.

SAINT-CHRISTAU.

Et de la lie même...

LE REPRÉSENTANT.

Il est notre force.

SAINT-CHRISTAU.

Sans instruction ; mais non pas sans éducation : j'en ai reçu dans mon enfance, et de la meilleure...

LE REPRÉSENTANT.

Je t'entends ;... chimères, superstitions !

SAINT-CHRISTAU.

Et je m'en souviens...

LE REPRÉSENTANT.

Pour moi, j'ai tout effacé de ma mémoire. La raison seule m'éclaire et me guide.

SAINT-CHRISTAU.

Eh bien ! j'ai ma conscience et mon petit bon sens, et je vous dirai à l'oreille, et en face au besoin, à vous autres penseurs et savants, grands politiques surtout, deux vérités dont vous n'avez pas l'air de vous douter : — Si vous touchez au peuple, après l'avoir déchaîné, gare à vous ! — Si les bourreaux se lassent, on voudra savoir pourquoi ; et le premier qui osera y aller voir sera suivi de tous vos *suspects*.

LE REPRÉSENTANT.

Est-ce une menace que tu me fais, prophète de malheur ?

SAINT-CHRISTAU.

Puisque je suis reconnu prophète, je continue mes prédictions : — Républicains-démocrates, écoutez ! Vous avez rejeté le roi Soliveau, vous aurez, grenouilles que vous êtes, le roi Cormoran, et avant peu.

LE REPRÉSENTANT.

Tout est possible en révolution, même l'invraisemblable, surtout l'imprévu : Cicéron qui venait de renverser le conspirateur Catilina, peu après, plie le genou devant l'usurpateur César ; et celui-ci, tombé sous les poignards des républicains aristocrates, qui croyaient anéantir en lui la tyrannie, la laisse en héritage toute-puissante avec son nom à un adolescent, sans crédit et sans ressources. — Mais nous surveillons les généraux, et déjà sept d'entre eux ont senti le glaive de la liberté, et plusieurs sont sous nos griffres.

SAINT-CHRISTAU.

Il en surgira un dont vous ne vous méfierez pas; qui montera de si bas, si vite et si haut, que vous en serez stupéfiés ; et la Nation, lasse de vous, acclamera le héros.

LE REPRÉSENTANT.

La Nation a juré haine aux rois; ses fidèles Représentants ne trahiront pas son vœu.

SAINT-CHRISTAU.

Et *Diou bone !* Vous vous réfugierez dans sa gloire.

LE REPRÉSENTANT.

S'il sauve la Patrie...

SAINT-CHRISTAU.

... Et vos fortunes.

LE REPRÉSENTANT.

Mais assez de spéculation et de rêves; revenons au réel et au positif. — Tu n'es pas un peureux, je le vois; mais tu es un homme sensé et sensible. Songe à ta famille.

SAINT-CHRISTAU.

Pour elle, après moi, Dieu...

LE REPRÉSENTANT.

Je ne vais pas jusque-là... je suis bon, naturellement; je ne fais pas le mal pour le plaisir diabolique de le faire; il faut que j'y sois poussé par l'intérêt de la République et le mien: quel intérêt avons-nous à perdre un homme de néant comme toi? Et que dirait-on à Paris, si je n'avais pu réussir à m'entendre avec l'exécuteur? — J'ai un crédit ouvert ici et je puis disposer, pour le bien du service, des valeurs recueillies par l'effet des confiscations... Tiens, voilà un bon de vingt-cinq louis d'or à vue sur la caisse départementale; prends... prends, te dis-je.

SAINT-CHRISTAU.

Comment espérez-vous séduire par un peu d'or...

LE REPRÉSENTANT.

En veux-tu plus? je mets quarante.

SAINT-CHRISTAU.

Celui qui ne craint pas la mort...

LE REPRÉSENTANT.

Mais, mon cher! je la crains, moi, et tu m'exposes!!

SAINT-CHRISTAU.

Cependant, vous n'avez pas de liens qui vous attachent à la vie: une femme, des enfants, qui vous aiment et vous honorent?

LE REPRÉSENTANT.

Eh donc! j'ai moi, c'est bien assez... Et puis, on ne sait pas ce qu'il y a de l'autre côté de ta diable de machine rouge.

SAINT-CHRISTAU.

Oh! que oui! on le sait.

LE REPRÉSENTANT.

Le moins qui puisse t'arriver, si on a seulement connaissance de tes hésitations, c'est de perdre ton emploi, un emploi lucratif, bien rétribué, envié.

SAINT-CHRISTAU.

Je ne l'ai pas sollicité. Les dépouilles des suppliciés me brûlent les mains, surtout de certains suppliciés, les plus nombreux à présent.

LE REPRÉSENTANT.

Ta femme, tes enfants ne sont pas sans doute si scrupuleux que toi. Tu les aimes, dis-tu, et tu ne le prouves guères. Tu es un hypocrite. Va leur demander conseil. D'un côté, de l'or à poignées, de bons appointements, des profits; de l'autre, une mort infâme, au moins une honteuse destitution, la misère qui abrutit, la prostitution pour toute ressource à ta femme et à tes filles, accoutumées à l'aisance et repoussées de partout comme laissant après elle une odeur de cadavres.

(Le bourreau ému éponge du bout du doigt une larme prête à tomber.)

SAINT-CHRISTAU.

J'ai confiance en Dieu.

LE REPRÉSENTANT.

Ton Dieu!... il a bien d'autres affaires.

SAINT-CHRISTAU.

Il fut mon père, il sera le leur.

LE REPRÉSENTANT.

Tu t'abuses, mon cher!

SAINT-CHRISTAU.

On n'est pas malheureux pour vivre solitaire, quand on a sa propre estime. — Et pour la subsistance, sobre et laborieux, on a toujours assez.

LE REPRÉSENTANT (*il fait quelques tours en méditant.*)

De plus en plus, tu m'étonnes. Je n'attendais dans le bourreau, à Pau comme partout, qu'un homme du commun. Mais je suis détrompé : la société a tort envers la nature à ton égard. — Ce qu'il nous faut pour consolider la République, ce ne sont pas des savants, des latinistes. des idéologues ; ce sont des hommes d'énergie, des hommes à grand caractère. Il y a en toi l'étoffe d'un homme d'Etat. Je vais faire un rapport en ce sens aux deux comités, et je proposerai qu'on crée une fonction dont je sens depuis longtemps la grande utilité, celle d'Exécuteur général des hautes œuvres révolutionnaires, afin qu'il y ait toujours abondance de sujets, discernement dans les choix, uniformité de procédés, expérience et capacité reconnues. Je veux qu'après l'affaire de demain, on t'y nomme. J'espère réussir, je n'en doute pas : je suis aimé et considéré de mes collègues; Robespierre a confiance en moi. De la manière que je vois les choses présentes, cette fonction me paraît devoir être, en se développant, l'une des plus influentes dans la République, je dirais presque, la plus haute en dignité.

SAINT-CHRISTAU.

Homme d'état, moi ? je ne le suis, ni le serai ni ne veux l'être jamais. En serais-je meilleur ou plus capable pour être plus haut placé ? Je me connais ; je ne suis pas fait pour commander. Et d'ailleurs, je craindrais d'avoir à ordonner des choses qui seraient contre mon gré. Mis en réquisition, j'obéis au Pouvoir, jusqu'à concurrence toutefois de la permission de ma conscience.

(Pendant ces paroles, le représentant irrité tire de son portefeuille un protocole et le remplit, debout, sur un coin du bureau. Il vient le lui lire.)

#### LE REPRÉSENTANT.

«Nous... vu nos instructions et pouvoirs... vu le refus persistant du nommé Saint-Christau, executeur des hautes-œuvres, à Pau, de remplir son office dans un jugement à lui signifié, rendu hier par le tribunal révolutionnaire contre la femme Candau, refus qui constitue une rébellion ouverte et flagrante ; vu le danger imminent d'un tel exemple, s'il restait impuni et si le crime n'était à l'instant réprimé; — arrêtons: — Art. 1er. Le nommé Saint-Christau est destitué de ses fonctions. — Art. 2. Il sera immédiatement puni de mort. — Art. 3. L'éxécuteur des hautes-œuvres de Tarbes, appelé *ad hoc*, est chargé de l'éxécution. — Et ordonnons à tous commandants de la force publique, etc., Pau, ce *nonidi*, 9 thermidor an II.»

(Au mot *Tarbes*, Saint-Christau fait un mouvement d'effroi.

Ah ! tu trembles enfin, le chevalier sans peur et sans reproche !

#### SAINT-CHRISTAU.

Je ne suis pas un rebelle ; j'obéirai.

#### LE REPRÉSENTANT.

A la bonne heure ! donc, oublions tout ou gardons-en le secret.

#### SAINT-CHRISTAU.

Votre arrêté sera exécuté.

#### LE REPRÉSENTANT.

Comment ?... explique-toi... obstiné, sot ! tu excèdes mon indulgence. J'avais pris cet arrêté dès ce matin, mais je n'en avais écrit que les *considérants* et l'article premier. Tu m'y forces, je l'achève... et toutefois, je ne le date, tu vois, que de demain... demain, c'est dans deux heures. L'exécuteur de Tarbes n'est pas encore arrivé. Je te laisse ce répit. Je ne te mets pas en état d'arrestation ; je ne veux pas d'esclandre ; je te consigne seulement; le cavalier que je t'ai donné pour surveillant est instruit que je puis avoir à chaque instant besoin de toi, et que toi-même tu peux avoir des communications urgentes à me faire. Vous allez revenir ensemble à la maison Candau. Là, je t'enverrai ta femme avoir un entretien avec toi; ce sera la dernière tentative ; j'en désire et j'en espère la réussite. Jusque-là, ceci reste dans ma poche et n'est connu que de toi et de moi. — Il est tard ; la nuit porte conseil... à demain, au jour.

(L'un et l'autre se retirent par les portes par où ils sont entrés, emportant chacun une des deux bougiest)

**FIN DU TROISIÈME ACTE.**

# ACTE QUATRIÈME

Il est cinq heures du matin ; la scène représente le jardin et le pavillon de Saint-Christau : ce jardin est séparé par une grille de la partie du jardin du couvent qui fait le préau de la prison. — Une table, quatre chaises de paille, sur deux desquelles, comme sur la table, sont des objets de travail.

## SCÈNE PREMIÈRE.

### LES CITOYENNES SAINT-CHRISTAU, MÈRE ET FILLE.

#### VICTOIRE.

J'eusse volontiers dormi encore une heure ou deux. Nous voilà levées presque avec le soleil.

#### ANNETTE.

Ton père n'est pas rentré ; après mon premier somme je me suis sentie tout à fait réveillée.

#### VICTOIRE.

S'il nous fallait rester dans la maison, je serais capable de me rendormir sur l'ouvrage. (*Elle étouffe un bâillement.*) Mais le grand air va me réveiller aussi tout à fait.

## SCÈNE II.

### LES MÊMES, FANCHETTE.

#### FANCHETTE.

Madame, ce sont deux citoyens, un vieux et un jeune. Ils m'ont dit d'annoncer deux amis de Tarbes.

#### ANNETTE ET VICTOIRE, *entre elles*.

Serait-ce ?...

#### ANNETTE.

Amène ici les citoyens.

## SCÈNE III.

### Les mêmes, JEAN BISTOS, JUAN son fils.

(Ils saluent profondément l'une et l'autre femme, chacune répond par des révérences gracieuses.)

#### JEAN BISTOS.

Salut aux citoyennes... et à la compagnie (1)!

#### LA CITOYENNE SAINT-CHRISTAU.

Nous vous le rendons, citoyens,... et à la vôtre. (*Les deux jeunes gens se sont lancé un coup d'œil d'intelligence.*)

#### FANCHETTE, *à part.*

Je suis sûre que c'est un amoureux !... Il est gentil... Nous irons bientôt à la noce.

(Elle se retire avec des signes de malice et de joie.)

## SCÈNE IV.

### JEAN BISTOS, JUAN, LA CITOYENNE SAINT-CHRISTAU, VICTOIRE.

#### JEAN BISTOS, LA CITOYENNE SAINT-CHRISTAU, *ensemble, après un moment de silence.*

Vous paraissez surprises de notre \
Vous nous voyez surprises de votre } arrivée aujourd'hui et à cette heure.

#### LES MÊMES, *encore ensemble.*

Nous ne devions venir \
Nous ne vous attendions } que demain décadi.

#### JEAN BISTOS.

Je crois m'apercevoir que ma commission a été faite.

#### LA CITOYENNE SAINT-CHRISTAU.

Et très-bien ! nous en avons été flattées... Vous n'aurez pas reçu, à ce que je vois, la réponse empressée de mon époux. C'est bien cordialement que nous comptions vous recevoir à table... Je n'ose m'enquérir de ce qui vous a fait devancer votre voyage.

#### JEAN BISTOS.

Je suis mandé de venir par ordre supérieur, et en toute hâte. Je ne sais que cela. — Mais le collègue ? je ne le vois pas... Il n'est pas malade ?

#### LA CITOYENNE SAINT-CHRISTAU.

Non, Dieu merci. Mais il ne quitte pas depuis hier le service du citoyen

---

(1) Ce mot « la compagnie » suit toujours le salut qu'on fait à une personne que l'on considère ou qu'on affectionne ; il signifie : « votre ange gardien. »

représentant commissaire de la Convention, venu depuis peu. Ils sont installés dans le ci-devant hôtel de la ci-devant vicomtesse de Candau, une bien bonne, bien vénérable dame, et bien malheureuse ! Elle a été arrêtée comme *suspecte*, parce que son fils, qui n'est qu'un jeune homme et qui voyage depuis trois ou quatre ans pour son instruction, a été porté sur la liste des émigrés. Il n'ose pas rentrer. On a séquestré la succession de son père. Sa mère lui envoie de l'argent pour vivre. Voilà son crime.

JEAN BISTOS.

Il n'y a pas de loi violée en cela.

LA CITOYENNE SAINT-CHRISTAU.

Son crime est encore, étant riche, d'être charitable.

JEAN BISTOS.

Comment !

LA CITOYENNE SAINT-CHRISTAU.

Oui : cela avilit le peuple et corrompt son sans-culottisme.

JEAN BISTOS.

Temps terrible !

LA CITOYENNE SAINT-CHRISTAU.

Hélas ! elle nous a tant aidés dans notre ancienne misère !... Mais vous allez vous rafraîchir... Fanchette, apporte le cognac.

(La servante vient et sert deux petits verres sur une assiette.)

JEAN BISTOS.

Je n'ai besoin de rien... J'accepte un petit verre pour ne pas vous refuser. (*Il boit. Le jeune homme touche au sien du bout des lèvres ; ils saluent les citoyennes qui leur font la révérence.*) Je suis en retard de ce peu de moments que je viens de passer avec vous. J'ai ordre de me présenter en arrivant, sans me détourner, au citoyen Jean-Brutus Perrin, Représentant du Peuple en mission.

LA CITOYENNE SAINT-CHRISTAU

Il se tient, comme je vous ai dit, au ci-devant hôtel Candau, sur la grande place, devant le Temple de la Raison. Il y a deux factionnaires et un drapeau à la porte.

JEAN BISTOS.

Je laisse mon jeune homme ici jusqu'à mon retour. Il y sera aussi mon représentant-commissaire... Vous le permettez ?

LA CITOYENNE SAINT-CHRISTAU.

Et avec le plus grand plaisir. Nous vous attendrons pour déjeuner. Vous me ramènerez mon mari... Voyez comme déjà ces jeunesses s'entendent : elles se connaissent un peu... Je vous reconduis et vais vous mettre dans votre chemin.

(Tandis que les parents s'entretiennent, les jeunes gens se promènent. La fille a cueilli deux œillets tenant ensemble ; elle les flaire et les fait flairer au jeune homme ; celui-ci se permet d'en détacher un et de le mettre à sa boutonnière ; la fille met l'autre à son corset.)

## SCÈNE V.

#### VICTOIRE, JUAN.

JUAN.

La promenade se dirige-t-elle toujours dans le bois, à la place Verte?

VICTOIRE.

Oui... c'est devenu monotone.

JUAN.

La saison est pourtant belle et les ombrages sont magnifiques.

VICTOIRE.

Le temps n'est pas à la gaîté.

JUAN.

La danse n'y est donc plus animée?

VICTOIRE.

Je ne puis qu'à peine vous en dire des nouvelles. Quand nous sortons, le décadi, ma mère et moi, si nous allons jusque-là, nous y restons une heure au plus, sans nous asseoir, et nous revenons en ville avant la fin du jour.

JUAN.

Quoi! on ne vous invite pas à danser?

VICTOIRE.

Oh! ce n'est pas là ce qui nous manque. Mais depuis que vous nous y fîtes l'honneur de nous faire danser, l'une après l'autre et nous seules, mon frère nous faisant *vis-à-vis*, si j'ai dansé, ça été pour l'amuser; les grandes filles se soucient peu d'un cavalier si jeune. — Mais du reste, nous avons refusé les invitations; et quand on nous a trop pressées, nous avons quitté la place.

JUAN

Vous aviez tort de vous refuser un plaisir innocent et qu'il m'a semblé que vous goûtiez avec sensibilité.

VICTOIRE.

Nous avons été fières et dédaigneuses comme vous, qui, dès que nous étions là, n'en invitiez pas d'autres, quoiqu'il y en eût plusieurs, je le voyais bien, qui vous attendaient, plus élégantes et plus belles que nous assurément.

(Pendant ce trait, Juan lui a pris la main qu'elle n'a pas retirée.)

JUAN.

Je ne les ai pas vues.

VICTOIRE.

Vous ne voyez que ce qu'il vous plaît de voir.

JUAN,

Saviez-vous que le citoyen Lagois avait été chargé d'une commission de mon père auprès du vôtre?

VICTOIRE.

Oui, ma mère m'en avait fait part.

JUAN.

Il annonçait la visite de mon père pour décadi; n'a-t-il rien ajouté?

#### VICTOIRE.

Il a dit que le citoyen votre père viendrait *avec quelqu'un*... je préviens vos informations, et je veux bien avouer que *ce quelqu'un*, je me suis facilement imaginée que ce serait vous. (*Elle le regarde avec intérêt.*)

#### JUAN.

Et vous êtes-vous imaginé aussi pour quoi et pour qui nous viendrions ?

#### VICTOIRE.

Ah ! jeune citoyen, (*en riant*) vos questions commencent à devenir légèrement indiscrètes. (*Elle retire sa main.*)

#### JUAN.

Aimable citoyenne, je me reproche de vous avoir fâchée... Je crois, moi, que le citoyen Lagois a profité de l'occasion pour un autre *quelqu'un*.

#### VICTOIRE.

A qui je paraîtrais aimable aussi ?

#### JUAN.

Pas autant qu'à moi.

#### VICTOIRE.

Qu'en savez-vous ?

#### JUAN.

Il aurait parlé à vos parents pour son fils ?

#### VICTOIRE.

Eh bien !

#### JUAN.

Eh bien ! si cela était... j'irais trouver le gars, je voudrais lui voir le blanc des yeux, à ce monsieur ; et nous nous tâterions un peu, par manière de jeu.

#### VICTOIRE.

De quel droit, s'il vous plaît ?

#### JUAN.

Du droit... que je vous aime plus qu'il ne vous aime.
(*Il fléchit un peu le genou et lui reprend la main qu'il baise. Elle le laisse faire... Silence.*)

#### VICTOIRE.

Oui, ce jeune homme m'aime...

#### JUAN.

Je le lui défends... ou je le fends !

#### VICTOIRE.

Ah ! tyran !... (*Elle retire sa main.*) Il est bien fait, riche pour notre position, fils d'un brave homme ami de mon père, et qui m'aurait bien désirée pour bru ; il l'a dit effectivement en cette occasion.

#### JUAN.

Malheureux que je suis !

#### VICTOIRE.

Mais il ne m'aime pas comme je veux qu'on m'aime.
(*Elle le regarde tendrement, et à son tour elle lui prend la main ; il baise la sienne avec transport... Silence.*)

Mais je crains que maman n'ait besoin de moi là-dedans.

(Le jeune homme lui tient toujours la main. Au moment de rentrer, la mère sort.)

## SCÈNE VI.

### LES MÊMES, LA CITOYENNE SAINT-CHRISTAU.

#### LA CITOYENNE SAINT-CHRISTAU.

Eh bien! mes enfants, je crois vous voir assez d'accord... Qu'est-ce donc que le citoyen votre père aurait eu à nous dire décadi ; le savez-vous?

#### JUAN.

Citoyenne... Ma mère, puisque vous avez dit « mes enfants » *(il lui prend la main et la baise, et dirigeant l'autre qu'il avait quittée et le regard sur Victoire)*, je n'en aurai jamais d'autres.

(Elle lui reprend cette main qu'il dirige vers elle.)

#### VICTOIRE.

Ni moi non plus.

(La mère les rapproche d'elle, et ils s'embrassent tous trois.)

#### LA CITOYENNE SAINT-CHRISTAU.

Allons préparer le déjeuner.

#### VICTOIRE.

Maman, si nous le prenions ici? il fait beau, ce sera plus gai.

#### LA CITOYENNE SAINT-CHRISTAU.

Oui.

## SCÈNE VII.

Scène muette. La mère rentre ; Fanchette vient ranger l'ouvrage, les jeunes gens rentrent et reviennent, apportant nappe, serviettes, assiettes et tasses ; Fanchette rentre et revient, apportant un cinquième siége et deux serviettes non dépliées, etc. — Tout cela se fait avec des démonstrations de gaîté folâtre ; la servante surtout bondit, etc.)

FANCHETTE, *faisant l'entendue, peut dire en plaisantant au jeune homme qui aide au service :*

Vous m'embarrassez plus que vous ne m'aidez. Parlez donc à mademoiselle.

## SCÈNE VIII.

### LA CITOYENNE SAINT-CHRISTAU, VICTOIRE, JUAN, FANCHETTE.

#### LA CITOYENNE SAINT-CHRISTAU.

Ma bonne madame de Candau est condamnée. Le jugement a été prononcé hier au soir très-tard. On l'a ramenée dans la nuit... la geôlière me l'apprend... Ah!... je ne puis plus manger.

#### VICTOIRE.

Ma mère, je ne suis pas moins affligée que vous... Ah! citoyen, si vous saviez tout le bien qu'elle nous a fait !... Je porte un de ses noms. Mon père a été soldat sous son mari... Sa richesse l'a perdue ; on avait déjà la moitié de ses biens, on veut tout ; pour les confisquer on la condamne... Hélas !...

(Les deux femmes se jettent sur deux des chaises qui sont autour de la table et les détournent ; le jeune homme éperdu cherche à les consoler.)

## SCÈNE IX.

### LES MÊMES, UN SANS-CULOTTE.

#### FANCHETTE.

Citoyennes... (*Les femmes se relèvent effrayées.*)
(Le sans-culotte présente un papier à la femme Saint-Christau, qui le lit.)

#### LA CITOYENNE SAINT-CHRISTAU.

« Le citoyen Saint-Christau fait dire à la citoyenne son épouse de ne pas « l'attendre. J.-M. Delou, secrétaire. » (*Au sans-culotte.*) Pourquoi n'est-ce pas lui qui m'écrit ?

#### LE SANS-CULOTTE, *sans répondre.*

Ceci est pour toi, je présume. (*Il présente à Juan un petit papier.*)

#### JUAN. (*Il lit tout haut.*)

« Au fils Bistos : J'ai affaire ici. Viens tout de suite avec le porteur. »

(Effroi. Le jeune homme part ; il baise la main à la mère ; il presse celle de la fille sur son cœur.)

## SCÈNE X.

### ANNETTE, VICTOIRE.

#### ANNETTE.

Ah ! ma fille.

#### VICTOIRE.

Ah ! ma mère.

#### ANNETTE.

Des malheurs inconnus pèsent sur nos têtes.

#### VICTOIRE.

Je pressens que notre union est remise à bien loin.

#### ANNETTE.

Jamais Henri ne viendra à bout de l'exécuter.

#### VICTOIRE.

Quel affreux tableau !

#### ANNETTE.

Il en mourra.

#### VICTOIRE.

Hélas !

#### ANNETTE.

Je le connais, il refusera.

VICTOIRE.

Oh ! mon Dieu ! maman ; dans quels horreurs serions-nous plongées ?

ANNETTE.

Mon Dieu, mon bon Jésus, sainte Vierge, saints anges gardiens, tous nos saints patrons ! aidez-nous, éclairez-nous, ayez pitié de nous !

VICTOIRE.

Maman, il faut l'aller voir, lui représenter, non son danger, mais la douleur et l'abandon où nous allons tomber ; que son devoir l'excuse ; qu'il y a de la vertu à remplir un devoir pénible, déchirant, un devoir, hélas ! comme il n'y en a pas d'exemples et qui est plus que le sacrifice de soi-même... Allez, mère ; je le connais aussi, il comprendra ce langage, le seul qui puisse le toucher.

(Elles rentrent ; la servante assombrie défait le couvert et enlève la table et les chaises.)

## SCÈNE XI.

(On sonne fort à la petite porte du jardin sur la rue.

FANCHETTE.

Madame, on sonne.

ANNETTE, *de l'intérieur.*

Va voir qui c'est.

(La servante va ouvrir le guichet pour voir qui c'est. On sonne de nouveau, plus fort ; elle est effrayée ; elle ouvre.)

FANCHETTE.

C'est un sans-culotte qui...

## SCÈNE XII.

(Les femmes sortent de la maison.)

LA CITOYENNE SAINT-CHRISTAU, VICTOIRE, UN SANS-CULOTTE, *un papier à la main*, FANCHETTE.

LA CITOYENNE SAINT-CHRISTAU, *à part.*

Encore quelque mauvaise nouvelle...

(La fille veut prendre le billet.)

LE SANS-CULOTTE.

J'ai ordre de le remettre à ta mère elle-même.

(Celle-ci le prend ; la fille lit tout haut par dessus son épaule.)

VICTOIRE.

« La citoyenne Saint-Christau est priée de passer au ci-devant hôtel de
« Candau pour s'entretenir avec son mari. J.-M. Delou, secrétaire. »

LA CITOYENNE SAINT-CHRISTAU, *au garde.*

Pourquoi ne vient-il pas lui même ?... Est-ce qu'il lui serait arrivé quelque accident ?... Serait il arrêté ?

(Le garde fait signe qu'il ne sait rien ou ne peut rien dire.

###### VICTOIRE.

En tous cas, l'invitation vient à souhait.

###### LA CITOYENNE SAINT-CHRISTAU.

Citoyen, je ne tarderai pas, va m'annoncer, je te prie.

###### LE SANS-CULOTTE.

Citoyenne, je t'attends.

###### VICTOIRE.

Ma mère, je vous accompagne.

(Elles rentrent un moment ; la servante les suit.)

## SCÈNE XIII.

###### LE SANS-CULOTTE, seul.

Il y aura du grabuge : l'exécuteur de Tarbes mandé par le télégraphe, arrivé en poste ; deux bourreaux pour une vieille femme... Ça ne se passera pas comme ça,

## SCÈNE XV.

###### LA CITOYENNE SAINT-CHRISTAU, VICTOIRE, LE SANS-CULOTTE.

###### LA CITOYENNE SAINT-CHRISTAU.

Je suis à tes ordres.

(La fille donne le bras à sa mère.)

###### LE SANS-CULOTTE.

Je suis chargé de n'amener que la mère, seule.

###### VICTOIRE.

Mais il m'est bien libre de vous suivre : la rue est à tout le monde.

###### LE SANS-CULOTTE.

Oui, mais non la porte de la maison Candau où nous allons. On n'y entre et on n'en sort que par ordre.

(Ils sortent par la petite porte du jardin ; le garde précède.)

**FIN DU QUATRIÈME ACTE.**

# CINQUIÈME ET DERNIER ACTE.

(Toujours le jardin du couvent, mais retourné ; le pavillon du bourreau est dans le fond et à l'opposé du côté qu'il occupait dans l'acte précédent. A l'inverse, la geôle et la prison avec le préau sont sur le devant de la scène.)

### SCÈNE PREMIÈRE.

(On sonne à la petite porte du jardin du pavillon. La servante sort de la maison ; elle regarde par le guichet ; elle ouvre. La mère entre dans le jardin ; la fille y entre aussi, mais par la maison.)

#### VICTOIRE, ANNETTE.

VICTOIRE.

C'est maman.

ANNETTE.

Oui, désolée, mourante. (*Elles font signe à Fanchette de se retirer. Elle rentre.*) Ton père refuse, il n'a voulu entendre à rien.

VICTOIRE.

Il me vient une idée. Entrons dans le préau.

ANNETTE.

Mais c'est l'heure où les prisonnières vont descendre y prendre l'air.

VICTOIRE.

Pour cela même. Et jusque-là, nous y serons plus secrètement pour nous entretenir de ce qui nous intéresse.

(Elles ouvrent la grille avec une clef qu'elles ont.)

### SCÈNE II.

#### LES MÊMES.

VICTOIRE.

Racontez-moi votre réception. Que fait papa? Est-il libre?

ANNETTE.

Non et oui. Il l'est, s'il veut ; et il ne le veut pas... Ah! chère enfant!... Ah! monstres! ah! pervers!...

VICTOIRE.

A qui s'adressent ces injures ?

ANNETTE.

A qui les mérite... A ce scélérat que Paris nous a vomi.

VICTOIRE.

Il vous aura maltraitée ?

ANNETTE.

Quand je fus arrivée, on me conduisit dans son cabinet de travail.—« Ton mari joue gros jeu ; il ne veut pas exécuter la Candau. Je l'ai pressé paternellement de faire son devoir ; il persiste. Mais je puis me passer de lui ; j'ai fait venir celui de Tarbes ; il est ici. »

VICTOIRE.

*Diou boné !* C'est donc pour cela que nous les avons vus arriver dès aujourd'hui, et si matin !...

ANNETTE, *continuant.*

« ... Je t'ai fait appeler pour que tu m'aides à convertir ton Saint-Christau, à le sauver de lui-même ; car je l'estime et je voudrais qu'il ne me mît pas dans la nécessité de sévir. Je ne suis pas cruel à plaisir. Je ne suis pas méchant, moi... j'aime tout le monde et (continuerai-je ?) surtout les jolies femmes... » En disant ces mots, il me regardait avec des yeux... qui me faisaient peur... et qui pourtant me donnèrent soudain l'espoir de l'attendrir... de le séduire... (J'hésite à tout dire.) Il m'attire à lui ; je lui oppose tout en pleurs une molle résistance, mais calculée... Il m'enlace, il me caresse, me dit cent banalités amoureuses, me couvre de baisers... J'ai pu garantir ma bouche... Oui, ma fille, si, tout entière à la pensée du suprême danger de ton père, son épouse, ta mère, s'est jusqu'à un certain point abandonnée à la lubricité de cet homme puissant, elle a su réserver à son honneur un dernier asile, mais en le leurrant d'une prochaine et vaine promesse.

VICTOIRE.

Oh ! l'infâme !

ANNETTE.

Je n'ai rien dit à ton père de tout cela.

VICTOIRE.

Ecoutez aussi ma confession ; je vous la dois, et vous seule pouvez l'entendre.

La sentinelle m'avait permis de m'asseoir, en vous attendant, sur l'un des bancs de pierre à la porte. Après qu'il vous aura eu congédiée, et tandis qu'apparemment vous étiez allée trouver mon père, apprenant que j'étais là, il m'a fait appeler... Mêmes discours, mêmes tentations, mêmes regards, scène à peu près pareille. Il était assis, moi debout, et comme il tournait et avançait vers moi son siége insensiblement, je me reculais de même. Le froid de mes yeux éteignait le feu des siens. Néanmoins, voyant son sourire badin se changer peu à peu en la grimace du tigre près de manquer sa proie, j'ai eu, comme vous, peur... je me suis laissée aborder ; il m'a saisi la main, je j'ai retirée ; mais il a pu la baiser... je l'ai bien voulu. « Allons, va-t'en petite, retourne à la maison ; ta mère a affaire ici. J'irai vous voir ; sois bien gentille. Je t'assure de ma protection. » — « Et mon père ? » — « On s'occupe de lui. » — Déjà il avait sonné et un garde étant entré : « Sergent, reconduis la citoyenne jusque dans la rue. »

ANNETTE.

Et voilà les magistrats auxquels est livrée la nation !

VICTOIRE.

Donc, mon idée, c'est que vous priiez madame la marquise elle-même...

ANNETTE.

Je t'entends... La voilà qui vient : quelle sérénité! Retire-toi; nous serons plus à notre aise pour traiter un point si grave.

(Elle paraît; la mère et la fille lui font une profonde révérence; la dame la leur rend. — Victoire, en se retirant, la lui réitère.)

## SCÈNE III.

### MADAME DE CANDAU, ANNETTE.

MADAME DE CANDAU.

Ta fille, Annette, est charmante.

ANNETTE.

Madame...

MADAME DE CANDAU.

Ah! que l'air est bon! Comme le soleil réchauffe! Que le jour est beau! Il fait froid dans ces cellules verrouillées et sombres... et que la veillée d'hier m'a fatiguée!

ANNETTE.

Citoyenne... Madame la marquise...

MADAME DE CANDAU.

Va, mon enfant, ne t'embarrasse pas de toutes ces vanités. Je ne suis pas une citoyenne... Je ne suis plus marquise ni vicomtesse; je ne suis guère madame; je suis, on me l'a assez répété, la femme Candau, et plus court, la Candau.

ANNETTE.

Oh! madame...

MADAME DE CANDAU.

Et tout à l'heure, je ne la serai plus, même.

ANNETTE.

Ah! madame! (*Déchirements de cœur.*)

MADAME DE CANDAU.

Oui, je retourne aujourd'hui à la terre, d'où nous sommes tous également tirés; à la boue, dont je suis formée; nourriture déjà promise aux vers, ver moi-même.

ANNETTE.

Ah! madame, ma bienfaitrice, ma nourrice, ma maîtresse d'école, la seconde mère de mes enfants!

MADAME DE CANDAU.

Mon Dieu, je vous sacrifie mes désirs, mes répugnances, mes terreurs..., ma volonté. Je vous sacrifie mon amour pour mon cher enfant, sa douleur prochaine qui présentement me transperce l'âme d'un glaive plus acéré que celui qui va tuer mon corps. Je vous sacrifie, mon Dieu! puisque vous le voulez, ces regrets profonds que j'ai d'être éloignée de vos sacrements... Je ne me réserve de toute ma personnalité que ma ferme espérance en votre miséricorde et en vos promesses. « Je crois que mon Rédempteur est vivant » et que (*à ce moment la femme Saint-Christau est tombée à genoux devant la* » *dame, dont la voix s'affermit et la taille s'agrandit*) je ressusciterai » au dernier jour. Non, je ne mourrai point, mais je vivrai pour raconter » les merveilles du Seigneur. Car pour vos fidèles, ô mon Dieu, la vie » change et ne périt point : vous lui avez préparé une demeure éternelle » dans votre sein en échange de cette maison de terre où nous passons un » jour. »

ANNETTE.

Sainte madame, donnez-moi votre bénédiction.

MADAME DE CANDAU.

Oh ! très-volontiers. Que, par ma bouche, Dieu te bénisse toi et les tiens !

ANNETTE.

Ainsi soit-il ! (*Elle se relève.*)

MADAME DE CANDAU.

Embrasse-moi... Mais je crois m'apercevoir que tu avais, outre ma bénédiction, quelque chose à me demander.

ANNETTE.

Ah ! madame !

MADAME DE CANDAU.

Eh bien ?

ANNETTE.

Comment vous proposer, moi, une pareille horreur !

MADAME DE CANDAU.

Horreur ! chère enfant, il n'y a plus rien d'horrible pour « la Candau. » Ceux qui l'ont réduite à cette abjection, ceux qui l'ont condamnée sont plus à plaindre qu'elle, et surtout plus saisis d'effroi.

ANNETTE.

Madame, c'est que vous parliez à mon mari, qui refuse, au grand danger de sa vie, de faire son devoir aujourd'hui, et que vous...

MADAME DE CANDAU.

Mais certainement, je veux que ce soit lui qui me guillotine... Comment ! il aurait la cruauté, l'ingratitude de me laisser entre les mains d'un inconnu, d'un grossier ? (*Il lui échappe un sanglot.*)

ANNETTE.

Ah ! madame, quelle sainte martyre vous êtes !

MADAME DE CANDAU.

Mon enfant, laisse là tes éloges : ils ne sont pas de saison ; ce n'est pas le moment de me ramener à mon amour-propre.

ANNETTE.

Tous les jours, j'invoquerai votre intercession dans mes prières.

MADAME DE CANDAU.

Prie seulement tous les jours pour le repos de mon âme.

ANNETTE.

Le féroce conventionnel lui a donné une heure encore. Il l'a consigné dans votre hôtel, où il s'est établi, le misérable ! comme chez lui. Il prétend avoir essayé de le faire revenir de sa résolution tant par douceur que par menace, même par argent et par ambition. Je n'ai pu moi-même y réussir : le souvenir de sa femme et de ses enfants abandonnés l'a fait suffoquer de sanglots, mais voilà tout. Le devoir impérieux, le crime retombant sur ceux qui le commandent, l'inévitable nécessité, rien n'y a fait. Cependant ces raisons, Madame, et surtout la dernière, me semblent sans réplique ; et quand vous commanderez, il obéira. Ce sera un acte de plus à mettre dans votre sainte histoire.

### MADAME DE CANDAU.

Je te répète de ne pas me faire de compliments. Si je pensais qu'un acte vertueux de ma part dût me causer de la vanité, je prierais Dieu de donner à quelque autre que moi l'occasion, les moyens et la grâce de le faire à ma place. Mais quant à ton affaire, j'en réponds : j'ai des raisons particulières à faire valoir auprès de lui. Va-t'en et fais-le venir... Et derechef ma bénédiction.

(Elle fait sur la femme Saint-Christau un signe de croix ; celle-ci fait une génuflexion et lui baise les mains.)

## SCÈNE IV.

### MADAME DE CANDAU, *seule*.

Providence de Dieu, veillez sur mon fils... et recevez mes actions de grâces de ce que vous lui avez inspiré la pensée de ne pas encore rentrer en France... pour me voir périr... ou pour que je le voie périr.

(Elle fait, avant et après ce monologue, et dans les intervalles, quelques allées et venues tant pour se rafraîchir l'esprit et le corps que pour méditer ; ce qui prend un temps moral nécessaire pour la préparation de la scène suivante.)

## SCÈNE V.

(Saint-Christan arrive escorté par un satellite non armé, ou qui n'est pas sous les armes ; ils entrent dans le préau par les bâtiments de la geôle. Le satellite se retire à l'écart de manière à ne pas gêner l'entretien.)

### MADAME DE CANDAU, SAINT-CHRISTAU.

#### MADAME DE CANDAU.

Henrique, Annette a souhaité que je te visse en particulier...

#### SAINT-CHRISTAU.

Oui, madame ; mais c'est inutile.

#### MADAME DE CANDAU.

Et moi aussi, j'ai désiré te voir.

#### SAINT-CHRISTAU.

Espérez-vous que vos paroles réussiront, où le tableau de ma famille désolée m'a déchiré l'âme sans l'abattre ?

#### MADAME DE CANDAU.

Oui, je l'espère.

#### SAINT-CHRISTAU.

Quoi ! j'irais tremper mes mains dans le sang de la dame la plus vénérable du pays, de la seconde mère de ma femme, de l'innocence la plus évidente !

MADAME DE CANDAU.

Aimerais-tu mieux que je fusse condamnée coupable ?

SAINT-CHRISTAU.

Non, certes !

MADAME DE CANDAU.

Et coupable, ne serais-je pas encore ton ancienne bienfaitrice, celle dont à ce titre tu ne croirais pas devoir répandre le sang ?

SAINT-CHRISTAU.

Vous supposez des choses impossibles : la charité personnifiée ne peut jamais être coupable.

MADAME DE CANDAU.

Tu me juges donc ? Tu juges donc habituellement ceux que tu exécutes ? Tu prends sur toi la responsabilité de l'équité du jugement ! — Si le bourreau se fait juge, le juge aura le droit de se faire bourreau : est-il rien de plus sauvage ?

SAINT-CHRISTAU.

Je sais, madame, tous les raisonnements dont on peut confondre ma faible capacité d'esprit. Je sais que je ne suis pas plus responsable que le soldat qui, à la guerre, tue un homme qu'il ne connaît pas.

MADAME DE CANDAU.

Qui est-ce qui a fait les circonstances qui établissent des rapports si extraordinaires entre toi et moi ? qui est-ce qui fait arriver toutes choses ? Dieu, sa volonté ou sa permission... Va, il a ses raisons insondables... Faire sa volonté, voilà tout notre mérite... Doutes-tu que de ce petit mal, il ne tire un grand bien ? Je n'en doute pas, moi... Qu'est-ce que la vertu ? La victoire sur soi-même.

SAINT-CHRISTAU.

Madame, ayez pitié de moi, ne forcez pas ma main à devenir parricide.

MADAME DE CANDAU.

Aie donc aussi pitié de moi, Saint-Christau... (*Elle lui prend les deux mains.*) Tiens, je sens ma faiblesse ; que Dieu me la pardonne à ce moment suprême... O ma reine ! ô sainte madame Élisabeth ! ô héroïque Charlotte ! et vous, jeunes vierges et vénérables matrones, qui avez passé sans vous plaindre par la même épreuve ! excusez toute une inquiétude qui m'agite, vous à qui la faveur à laquelle j'aspire a été inhumainement refusée... O sainte pudeur violée publiquement en vous. Quoi ! je mourrai avec la pensée que mon corps va être dépouillé devant tout un peuple impie par des mains sacrilèges ? Mon Dieu, notre Seigneur Jésus, vos meurtriers ont été moins féroces ; ils ont conservé un dernier voile à votre corps mis à nu.

SAINT-CHRISTAU.

Madame...

MADAME DE CANDAU.

Cher ami, rends-moi ce service ; rends-moi les derniers devoirs, Je suis comme de ta famille ; tu m'appelles quelquefois la mère de ta femme. Vous êtes ici en ce moment mes seuls proches. — Je ne demande pas un tombeau ni mes restes conservés à mon fils. La terre brute, la fosse des proscrits ;

même, comme à mon roi, la chaux brûlante ; tout m'est indifférent : mon Créateur, qui ne veut rien perdre de son ouvrage, saura bien retrouver et réunir tous mes atomes au grand jour... Mais que mon vêtement funèbre ne soit pas arraché... Je me serai (*bas à l'oreille*) ensevelie d'avance ; un linceul m'enveloppera... Tu ne me réponds pas?

### SAINT-CHRISTAU.

Oui, madame, il sera fait comme vous le souhaitez.

### MADAME DE CANDAU

Mais, mon ami, ce n'est qu'à toi que je puis me confier.

### SAINT-CHRISTAU.

Et votre confiance ne sera pas trompée.

### MADAME DE CANDAU.

Mais j'ai ouï dire qu'on a appelé un exécuteur étranger.

### SAINT-CHRISTAU.

C'est mon ami et mon compère.

### MADAME DE CANDAU.

Il ne me connaît pas, il a son droit, il voudra ma dépouille entière, il ne respectera pas mon corps.

### SAINT-CHRISTAU.

Non, madame.

### MADAME DE CANDAU.

Non, dis-tu : comment?

### SAINT-CHRISTAU.

Je serai là.

(Il fait signe à son surveillant ; il entre, l'autre le suit.)

## SCÈNE VI.

**MADAME DE CANDAU, LA CITOYENNE SAINT-CHRISTAU. VICTOIRE.**

### LA CITOYENNE SAINT-CHRISTAU.

Ah! madame, avant de remonter... quel espoir?

### MADAME DE CANDAU.

Très-bon. J'ai obtenu de lui tout ce que je voulais. Je l'ai averti que je me serais ensevelie d'avance. Il m'a assuré que mon corps serait respecté ; qu'il y veillerait lui-même, qu'il serait là avec l'autre, son compère et son ami. — J'ai tout préparé, j'ai même commencé. Viens m'aider à achever ma « toilette » de présentation à la cour céleste. Tu verras comme je suis déjà proprement arrangée... Pauvre reine! vous n'en eûtes pas autant.

(Elle remonte, la citoyenne Saint-Christau la suit.

## SCÈNE VII.

### VICTOIRE, *seule*.

Je ne suis pas tranquille. Ce qu'elle nous répond n'est pas clair : paroles ambiguës... funeste image qui me traverse l'esprit.

(Elle s'assied, tire de sa poche un tricot ; elle se relève, tricote en marchant.)

Je ne fais rien de bon... Et ces messieurs qui ne reviennent pas! Mais à quoi est-ce que je pense? ils s'apprêtent, ils sont occupés... Mais lui?... petite fille! quittera-t-il son père en ce fatal moment, pour venir bavarder avec vous? (*Ses yeux se mouillent.*) Cherchons une consolation où seule elle est. (*Elle tire un tout petit livre de sa poche.*) Si l'on me voyait, nous serions perdus tous.

(Néanmoins elle lit en cachant le livre dans sa main et le couvrant de l'œillet du quatrième acte, qu'elle tire aussi de sa poche.)

## SCÈNE VIII.

LA CITOYENNE SAINT-CHRISTAU, VICTOIRE, FANCHETTE.

LA CITOYENNE SAINT-CHRISTAU.

Quel courage! quelle présence d'esprit! quelle tranquillité d'âme, et (*Pleurant.*) je puis dire, qu'elle sainte joie! « Connais-tu, me disait-elle, un plus grand honneur que de partager le sort de son roi, de sa reine, de ses amis? » — Et puis avec un sentiment d'humilité tendre et craintive : « Mourir n'est rien, bien mourir, c'est tout. » — Ma Victoire, je suis tout autre : je verrais les tyrans armés devant moi, je braverais leurs menaces.

VICTOIRE, *d'un ton très-doux.*

Dieu seul est notre force.

LA CITOYENNE SAINT-CHRISTAU.

C'est vrai.

VICTOIRE.

Mère, ils vont bientôt revenir. Ils seront fatigués, excédés. Rentrons préparer tout ce qu'il nous faut pour qu'ils se rafraîchissent et se reposent, qu'il ne leur manque rien et qu'ils n'attendent pas.

(Elles vont pour rentrer; elles écoutent. La fille rentre et sort presque aussitôt.)

LA CITOYENNE SAINT-CHRISTAU, VICTOIRE, *presque ensemble.*

Entends-tu?
Entendez-vous?

LA CITOYENNE SAINT-CHRISTAU.

Comme elle doit souffrir des cahots de la charrette, sur un pavé si pointu, et dans les rues tortueuses, montantes et descendantes!... J'espère qu'ils ne lui auront pas trop serré les poignets.

(Fanchette vient sur la pointe des pieds et se tient silencieusement en arrière.)

VICTOIRE.

Ma mère, prions, quoiqu'elle n'ait pas besoin de prières.

LA CITOYENNE SAINT-CHRISTAU.

Oui, prions pour elle; ça été sa dernière recommandation.

(Les trois femmes se jettent à genoux, tournées vers la rue et en inclinant peu à peu vers la marche supposée de la charrette.)

VICTOIRE.

« *De Profundis.* »

LA CITOYENNE SAINT-CHRISTAU.

« Du fond de l'abîme, Seigneur, je pousse des cris vers vous; Seigneur, écoutez ma voix.

VICTOIRE.

« Que vos oreilles soient attentives à la voix de mes tremblantes supplications.

LA CITOYENNE SAINT-CHRISTAU.

« Si vous tenez un compte exact des iniquités, ô mon Dieu, qui pourra subsister devant vous?

VICTOIRE.

« Mais vous êtes plein de miséricorde, et j'espère en vous, Seigneur, à cause de votre loi.

LA CITOYENNE SAINT-CHRISTAU.

« Mon âme attend l'effet des promesses, appuyée sur la parole du Seigneur; mon âme a mis toute sa confiance en Lui.

VICTOIRE.

« Que du matin au soir Israël espère au seigneur; que vigilante sentinelle votre peuple attende et signale votre aurore.

LA CITOYENNE SAINT-CHRISTAU.

« Car la miséricorde n'est que chez le Seigneur; là seulement abonde ma rançon.

VICTOIRE.

« Et lui-même il rachètera Israël, prenant sur lui toutes ses iniquités.

LA CITOYENNE SAINT-CHRISTAU.

« Donnez-leur un repos éternel, Seigneur.

VICTOIRE.

« Et qu'une lumière perpétuelle luise pour eux!

FANCHETTE.

« *Amen.* »

Elles restent un moment en méditation, se relèvent; la mère et la fille s'avancent en continuant leur méditation sur le bord de la scène; la servante au contraire va dans le fond vers la petite porte du jardin qu'elle entre-bâille doucement; elle regarde furtivement dans la rue, repousse la porte et vient pleine d'effroi.)

## SCÈNE IX.

### LES MÊMES.

FANCHETTE.

Madame!...

LA CITOYENNE SAINT-CHRISTAU.

Eh bien!

FANCHETTE.

Le citoyen de Tarbes... je viens de l'apercevoir là-bas.

VICTOIRE.

Et son fils?

LA CITOYENNE SAINT-CHRISTAU.

Et mon mari?

VICTOIRE.

Et mon père?

FANCHETTE.

Tout notre recours est en Dieu... le citoyen revient tout seul.

LA CITOYENNE SAINT-CHRISTAU ET VICTOIRE.

Tout seul!...

FANCHETTE.

Il apporte deux paquets de hardes.

LA CITOYENNE SAINT-CHRISTAU.

Ah! mon Dieu!

(On donne un petit coup de sonnette à la porte du jardin. Fanchette court ouvrir.)

## SCÈNE X.

LA CITOYENNE SAINT-CHRISTAU, VICTOIRE, FANCHETTE, JEAN-BISTOS.

(Jean Bistos entre sans bruit, pose ses deux paquets sur un banc et se tient debout sans avancer; la mère s'évanouit, la fille en pleurs la soutient; la servante court chercher, etc. Jean Bistos lui donne un flacon de sel qu'elle porte à sa maîtresse, etc.; cris perçants, etc.)

LA CITOYENNE SAINT-CHRISTAU et VICTOIRE, *ensemble.*

Qu'avez-vous fait de mon mari?
Qu'avez-vous fait de mon père?

LA CITOYENNE SAINT-CHRISTAU.

Je vous l'avais recommandé, quand vous êtes sorti d'ici pour aller le retrouver.

JEAN-BISTOS.

Le Représentant, en vertu de ses pouvoirs extraordinaires et vu le flagrant délit de rébellion, m'a, sous sa responsabilité, délivré un ordre d'exécution que voici.

LA CITOYENNE SAINT-CHRISTAU.

Scélérat! tu l'as tué!

VICTOIRE.

Votre collègue, votre ami!

LA CITOYENNE SAINT-CHRISTAU.

Et tu ne crains pas que je t'arrache les yeux?

VICTOIRE.

Celui qui allait devenir un autre père à votre fils!

JEAN BISTOS.

Un héros! un martyr!

VICTOIRE.

Ah! mère, nous disions la prière des morts « pour eux », sans penser dire si vrai.

JEAN BISTOS.

S'il y a un paradis, comme je le crois, quoi qu'on dise, il y est allé tout droit avec sa vénérable dame.

VICTOIRE.

Qu'a-t-il fait, qu'a-t-il dit, à ce fatal moment?

JEAN BISTOS.

La dame venait de passer. Il a été heureux que ce fût par les mains d'un ami et avant lui, pour recevoir, m'a-t-il dit, quelques gouttes du sang d'une sainte dans le sien.

VICTOIRE.

Ingénieuse charité!

JEAN BISTOS.

Nous nous sommes embrassés: quelques huées de la populace ont été étouffées par les cris unanimes de l'assistance : « A bas les lâches ; vivent les braves ! »

### LA CITOYENNE SAINT-CHRISTAU.

Malheureux ! quel homme tu as fait périr !

### JEAN BISTOS.

Que pouvais-je ?

### LA CITOYENNE SAINT-CHRISTAU.

Faire comme lui !

### JEAN BISTOS.

Massacres sur massacres, et inutiles.

### LA CITOYENNE SAINT-CHRISTAU.

Non, non ! ils n'eussent pas osé recommencer.

### VICTOIRE.

Et on aurait gagné du temps.

(Sur ce mot, le tocsin sonne. Un moment après, bat la générale. Les personnages en scène écoutent avec stupeur. — Puis, la foule entre en défonçant la porte, en escaladant le mur. Ce ne sont pas des sans-culottes, mais des muscadins.)

## SCÈNE XI.

### LES MÊMES, LA FOULE.

### PLUSIEURS.

Plus de massacres !
— Plus de tribunal révolutionnaire !
— Plus de suspects !
— Le télégraphe a parlé. — La Terreur est à-bas !
— Délivrons les prisonniers.

(La foule aperçoit Jean Bistos, elle veut l'assommer. La citoyenne Saint-Christau le tient embrassé pour le défendre ; sa fille se met au-devant du groupe qu'elle arrête.)

### VICTOIRE.

Il nous appartient !

(Quelques-uns secouent la grille ; la geôlière vient ouvrir ; la foule se précipite.)

## SCÈNE XII. (Muette.)

(La garde nationale amène prisonniers, le conventionnel, le président et l'accusateur public ; le commandant de ce détachement est le citoyen Marie-Joseph Delou, l'ex-secrétaire de l'ex-représentant. — Immédiatement la foule, entrée dans la prison, en sort portant sur ses épaules le défenseur officieux. Cette foule, apercevant les trois personnages, veut les assomer.)

## SCÈNE XIII.

### LE DÉFENSEUR OFFICIEUX, LE COMMANDANT.

### LE DÉFENSEUR OFFICIEUX.

Merci, mes amis... Mais ne souillons pas le triomphe de l'humanité. Déplorons les victimes et n'imitons pas les bourreaux. Justice et point de représailles !

LE CITOYEN DELOU, commandant. (*Il s'avance vers le défenseur et lui fait le salut de l'épée.*)

Courageux défenseur, sage et vertueux citoyen, je crois me rendre ici l'interprète des vœux de ceux que j'ai l'honneur de commander, et j'ose dire, de toute la partie saine de la population, en vous priant, en vous pressant de prendre en main la magistrature de cette bonne ville.

**LE DÉFENSEUR.**

J'accepte...

**DELOU**, *à part.*

Bon ! il tombe dans le panneau.

**LE DÉFENSEUR.**

Sauf l'approbation du gouvernement central.

**DELOU**, *à part.*

Je suis fait au même : il a évité le piége.

**LE DÉFENSEUR.**

Provisoirement donc, obéissez-moi, afin que l'ordre se rétablisse.

Le bourreau de Tarbes n'a fait que son devoir, le devoir de sa charge... Ah! sans doute, il y a des temps d'épreuve où le devoir strict ne suffit pas à la vertu... Cet homme est libre... Eh qui oserait toucher à sa personne, quand deux généreuses femmes sont là qui en prennent la défense?

Que les trois autres soient renfermés. Ils sont sous la protection de la loi. Attendons des détails et des instructions du nouveau gouvernement. — Qui que vous soyez, tyrans, tremblez à votre tour ! Il vous sera demandé compte, et vous paierez tout ce que vous aurez pris de pouvoir au-delà de ce qui vous en aura été régulièrement confié par la nation. On verra si c'est un patriotisme pur, comme vous ne cessiez de vous en vanter, qui vous a inspiré tant d'actes de rigueur, ou bien l'avarice, la cruauté, une basse jalousie, la soif de la domination, ou bien encore, mêlée à toutes ces passions, une plus honteuse, la peur. — Ceci s'adresse à toi, surtout, ci-devant président, pauvre homme, si terrible sur ton siége, si bas en ce moment; autrefois honnête homme, que la vanité d'abord, puis la crainte de perdre ta fortune, puis la Terreur t'affublant de l'autorité, vil esclave, ont amené jusqu'à l'infamie. — Ah! qu'un peuple est avili quand il en est venu à se laisser tyranniser au nom des lois et sous les formes sacrées de la justice ! — Je voudrais qu'on ne te punît que de tes remords, qu'on ne te condamnât qu'à ta propre ignominie, qu'on ne t'accablât que du mépris universel, qu'on mît tous les jours sous tes yeux le tableau des victimes de ta peur. — Je voudrais qu'on vous les montrât aussi à vous, en vous retenant dans les fers, provocateurs et ordonnateurs d'assassinats juridiques ; — à vous encore, jurés timides ou passionnés, qui vous faites ainsi les consommateurs du crime...

**LA FOULE.**

Bravo ! — Vive l'humanité !

**LE COMMANDANT DELOU.**

Vive notre nouveau magistrat!

**LA FOULE.**

Oui, — oui !

**LE DÉFENSEUR.**

Et nous tous et le monde tout entier avec nous, apprenons comment l'innocence et une vie pleine d'œuvres donnent à une faible créature élevée dans la mollesse et les grandeurs, de force et de sérénité devant la honte et l'horreur du supplice.

LA FOULE.

Oui, innocente — et bonne.

LE DÉFENSEUR.

Apprenons surtout d'un homme de néant, mais de cœur, comment un particulier obéit, comme on le doit toujours, à une loi, à un arrêt qui répugne à la conscience : libre dans son choix, il se soumet à la sanction, il accepte la peine. Voilà la vraie vertu, qui, par l'exemple du sacrifice, éclaire et relève les cœurs; voilà comment, sans révolte, on rappelle sa nation au règne de la justice ; comment, sans puissance, on peut servir encore sa patrie et l'humanité.

(Promptement la garde incarcère les prisonniers; elle entre par le préau dans les bâtiments et ne revient pas. — La foule reprend le défenseur sur ses épaules et sort par la porte du jardin.)

## SCÈNE XIV.

### JEAN BISTOS, LA VEUVE SAINT-CHRISTAU, VICTOIRE, FANCHETTE.

(Les deux femmes s'approchent avec respect du banc où sont les deux paquets ; la mère prend celui de son mari, le baise, le presse sur son sein; la fille fait une génuflexion, prend celui de la dame, le porte comme une robe de mariée. Elles vont pour rentrer ; la servante les précède.)

JEAN BISTOS, *en secret à la mère.*

J'ai encore un objet.

(Les femmes s'arrêtent; elles font signe à la servante de rentrer; la fille lui donne un ordre secret ; la servante seule rentre; Jean Bistos tire avec précaution de sa poche une tabatière d'or.)

Elle avait cela sur elle, avec une petite bourse contenant quelques louis d'or que j'ai distribués à mes aides, car je ne veux aucun profit de cette funeste affaire ; et je vous confie la boîte. Ce sera une triste, mais chère relique pour son fils.

LA VEUVE SAINT-CHRISTAU.

Comptez sur ma discrétion et sur ma fidélité.

(La servante est revenue portant un coussin recouvert d'un linge blanc; Victoire y pose son paquet, prend celui de sa mère et le pose aussi. La servante se tient avec son fardeau un peu en arrière.)

Il va sans doute incessamment rentrer en France... mais le vôtre ?

JEAN BISTOS.

Parti, citoyenne. — Il va droit à l'armée des Pyrénées s'engager dans le premier corps qu'il rencontrera. — Le pauvre garçon!... ah! qu'elle épreuve pour un jeune homme sensible!... car il a dû m'assister. — Aussitôt après... là même, m'embrassant : « Dites adieu à ma mère, à la citoyenne veuve Saint-Christau, à la citoyenne Vict... » Il n'a pu achever ; les sanglots lui ont coupé la parole. — Il est descendu comme un trait. La foule s'est ouverte en silence pour le laisser passer. On y murmurait déjà sa triste histoire, qu'on avait apprise je ne sais comment. Je l'ai suivi des yeux et bientôt perdu de vue.

LA VEUVE SAINT-CHRISTAU et VICTOIRE, *chacune avec le sentiment qui lui est propre.*

Perdu !

JEAN BISTOS.

Et sa mère, à qui je ne le ramène pas! à qui j'avais promis ou du moins fait espérer de revenir dans nos foyers lui présenter un ami et plus qu'un ami!...

LA VEUVE SAINT-CHRISTAU.

Elle a du moins une consolation que je n'ai plus.

VICTOIRE

Elle n'est pas sans espoir.

JEAN BISTOS.

Je le suis, moi ; je connais mon enfant. — En un moment tous, par mon fatal sort, nous perdons tout : vous, citoyenne, un époux au-dessus de tout éloge ; celle-ci, un père dévoué ; moi, un bon fils. Et lui, que ne perd-il point ?

LA VEUVE SAINT-CHRISTAU.

Oui, une autre mère ; car déjà je l'aimais comme un fils.

JEAN BISTOS.

Ah ! qu'il avait bien et dignement placé son premier et unique amour !

LA VEUVE SAINT-CHRISTAU.

Oui, et (*jetant un coup d'œil à sa fille*) il n'avait pas rencontré une ingrate. — Adieu, citoyen.

(Les femmes, en se retirant, ont négligé de rendre à Jean Bistos le profond salut qu'il leur a fait.)

VICTOIRE.

Ma mère, je ne vous quitte plus... jamais.

(Fanchette, à ces mots, a jeté les hauts cris ; elle suit ses maîtresses en jetant un coup d'œil de mépris et de courroux à Jean Bistos.)

## SCÈNE FINALE.

JEAN BISTOS, seul.

Aurais-je fait mal... pour être si puni ?

(Comme un homme dont l'esprit est égaré, il cherche la porte pour sortir, et ne la trouve pas d'abord ; puis a de la peine à l'ouvrir, etc.)

P. MASSON.

FIN

www.ingramcontent.com/pod-product-compliance
Lightning Source LLC
LaVergne TN
LVHW051459090426
835512LV00010B/2231